安徽省高校优秀青年人才支持计划项目（gxyqZD2020088）
国家社会科学基金项目（18BJY014）
国家社会科学基金重大项目（20&ZD136）

WOGUO RENGONG ZHINENG
CHANYE FAZHAN PINGJIA
JI TUIJIN CELÜE YANJIU

我国**人工智能**
产业发展评价

李旭辉 李丽雅 ◎ 著

中国财经出版传媒集团
经济科学出版社
Economic Science Press

图书在版编目（CIP）数据

我国人工智能产业发展评价及推进策略研究/李旭
辉，李丽雅著. －－北京：经济科学出版社，2022.10
ISBN 978 - 7 - 5218 - 3651 - 6

Ⅰ.①我… Ⅱ.①李…②李… Ⅲ.①人工智能－产
业发展－研究－中国 Ⅳ.①F492.3

中国版本图书馆 CIP 数据核字（2022）第 073164 号

责任编辑：程辛宁
责任校对：王肖楠
责任印制：张佳裕

我国人工智能产业发展评价及推进策略研究

李旭辉 李丽雅 著

经济科学出版社出版、发行 新华书店经销

社址：北京市海淀区阜成路甲 28 号 邮编：100142

总编部电话：010 - 88191217 发行部电话：010 - 88191522

网址：www. esp. com. cn

电子邮箱：esp@ esp. com. cn

天猫网店：经济科学出版社旗舰店

网址：http://jjkxcbs. tmall. com

固安华明印业有限公司印装

710×1000 16 开 12.25 印张 200000 字

2022 年 10 月第 1 版 2022 年 10 月第 1 次印刷

ISBN 978 - 7 - 5218 - 3651 - 6 定价：78.00 元

（图书出现印装问题，本社负责调换。电话：010 - 88191510）

（版权所有 侵权必究 打击盗版 举报热线：010 - 88191661

QQ：2242791300 营销中心电话：010 - 88191537

电子邮箱：dbts@ esp. com. cn）

前　言

习近平总书记在中共十九届中央政治局第九次集体学习时重点指出，我国经济已由高速增长阶段转向高质量发展阶段，正处在转变发展方式、优化经济结构、转换增长动力的攻关期，迫切需要新一代人工智能等重大创新添薪续力。要深入把握新一代人工智能发展的特点，加强人工智能和产业发展融合，为高质量发展提供新动能。① 同时，国务院印发的《新一代人工智能发展规划》明确提出，要加快培育具有重大引领带动作用的人工智能产业，促进人工智能与各产业领域深度融合，形成数据驱动、人机协同、跨界融合、共创分享的智能经济形态，并明确到 2025 年实现人工智能产业进入全球价值链高端。人工智能产业作为赋能性强、融合性高、溢出效应突出的新兴产业，是新一轮科技革命和产业革命的战略制高点，加快培育人工智能产业发展，不仅是实现科技跨越式发展的新动能，而且是完成产业转型升级的新机遇，更是促进生产力整体跃升的新引擎，对于辐射经济高质量发展具有深远影响。

近年来，尽管我国人工智能产业发展较快，但仍存在高端人才短缺、自主创新能力不足、产业链内企业联系度不够紧密等弊端。同时，我国地域广阔，由于区域特征、社会环境、地理资源等原因，不同区域间经济发展具有很大差异，作为新经济增长点的人工智能产业，地区间差距更加显著，人工智能产业发展的空间失衡问题成为阻碍产业空间布局优化和协同发展的重要问题。因此，通过构建人工智能产业发展评价体系，精准掌握我国人工智能产业发展进程、状况、优势短板、所处阶段及其时空演化规律，并进一步探

---

① 习近平：主持中共中央政治局第九次集体学习并讲话［EB/OL］. 中国政府网，http：//www. gov. cn/xinwen/2018 - 10/31/content_5336251. htm? allcontent，2018 - 10 - 31.

究我国人工智能产业发展的空间分布特征，考察我国人工智能产业发展的区域差异及分布动态演进，识别我国人工智能产业发展的关键影响因素，对于优化我国人工智能产业空间布局，推动区域协调高质量发展具有重要现实价值。

在此背景下，本书首先依据人工智能产业发展目标和要求，基于统计综合评价理论，构建了人工智能产业发展评价指标体系，并利用专家咨询法和Delphi法对评价指标体系进行科学合理的筛选和优化，采用信度检验和效度检验对上述构建的评价指标体系的可靠性与合理性进行了统计检验，从而保证人工智能产业发展评价指标体系的合理性、可靠性和有效性。其次，以上述指标体系为基础，综合运用主客观组合评价方法、一致性检验和相对有效检验方法，对中国省域和"四大板块"人工智能产业发展进行综合评价，从而探究出人工智能产业发展的状况、进程、所处阶段、优势短板和时空变化规律，为解决推动人工智能产业高质量发展提供决策依据。

为进一步考察我国人工智能产业发展的空间非均衡性，统筹推进产业空间布局优化，本书在上述评价结果基础上，基于区域经济空间结构理论和区域非均衡发展理论，从空间关联格局、区域差异测度、区域差异分布动态演进、区域差异影响因素四个维度深入探究了人工智能产业发展区域间非均衡特征。首先，利用探索性空间数据分析方法刻画了省域间人工智能产业发展的空间关联格局，检验了省域人工智能产业发展是否存在显著空间相关性，并进一步探究了区域间人工智能产业发展呈现出的空间集聚模式。其次，采用Dagum基尼系数测度全国及"四大板块"人工智能产业发展区域差异程度，描绘了区域内及区域间差异的动态演变态势，有效识别了区域差异形成的原因，并深入剖析了全国及"四大板块"人工智能产业发展的收敛性，进一步揭示出了人工智能产业发展的收敛趋势。再其次，采用Kernel估计函数、传统Markov链和空间Markov链分析方法从时空视角刻画全国及"四大板块"人工智能产业发展的分布形态和长期趋势，并进一步探讨了地理因素在人工智能产业发展过程中所起到的作用，进一步揭示出样本考察期内全国及"四大板块"人工智能产业发展的时序演进趋势和空间转移规律。最后，基于我国人工智能产业发展的驱动机制，采用空间计量模型对我国人工智能产业发展区域差异的影响因素进行实证研究。

本书的主要研究工作及关键结论具体如下：

（1）从时序变化分析可知，就全国及"四大板块"层面而言，全国及"四大板块"人工智能产业及各准则层均呈波动上升态势，呈现"中部＞西部＞全国＞东部＞东北"的增长态势；就省域层面而言，全国各省域人工智能产业总体及产业发展基础均呈波动上升的总体态势，人工智能产业发展动力水平除海南、甘肃、青海、新疆、内蒙古5个省域呈下降趋势外，其他省域均呈波动增长的趋势，人工智能产业发展质量水平除天津、吉林、黑龙江、上海、新疆呈下降趋势外，其他省域均呈波动上升态势。从空间分布格局角度分析，我国人工智能产业整体呈现"东部领先、中部追赶、东北及西部落后"的空间分布格局，人工智能产业发展基础及产业发展质量均呈现"东高西低、中高南北低"的空间分布格局，而人工智能产业发展动力则呈现"东部高、中西东北部低"的空间分布格局。

（2）我国省域人工智能产业发展存在显著的空间相关性。根据全局Moran's I 指数测算结果，我国人工智能产业发展存在显著的空间正相关性，全局空间集聚程度总体呈现"减小—增大—减小"的波动下降趋势。Moran散点图测算结果表明，我国省域人工智能产业发展的局部空间正相关关系显著，且以低－低关联类型分布为主，主要集中在中部、西部地区；样本考察末期，空间正相关性有所减弱，但省域人工智能产业高水平集聚效应增强。LISA 集聚图分析表明，我国省域人工智能产业发展水平呈显著不均衡分布特征，空间同质性显著，但在考察末期空间异质性有所增强，在空间分布上形成了以上海、浙江、福建为核心辐射长三角及周边地区的高－高集聚区和以新疆、甘肃、青海、宁夏、陕西、四川为核心的低－低集聚区。

（3）我国人工智能产业发展区域差异整体呈现出"上升—下降—上升—下降"的发展态势。从"四大板块"区域内差异看，"四大板块"人工智能产业区域内差异不断扩大，呈现出差异化发展态势，其中，东部地区人工智能产业区域内差异相对较小。从区域间差异看，样本考察期内西部－东部人工智能产业区域间差异最大，位列第一梯队，东北－东部和中部－东部人工智能产业区域间差异位列第二梯队，而东北－西部、西部－中部和东北－中部人工智能产业区域差异相对较小位列第三梯队。从区域差异来源及贡献度看，区域间差异平均贡献率达 68.75%，明显高于区域内差异和超变密度的贡献率，我国人工智能产业发展总体差异主要来自区域间差异。我国人工智能产业发展 σ 收敛指数的收敛性具有阶段性特征：2009～2014 年呈现波动下降态势，区域差异不断降低，存在收敛趋势；2014～2018 年呈现轻微波动态势，区域差异略有扩大，存在发散状态。"四大板块"人工智能产业发展 σ 收敛指数的演变轨迹存在差异化特征，基本不支持 σ 收敛假说，呈现出发散状态。

（4）全国及"四大板块"人工智能产业发展的分布动态演进具有显著特征。首先，全国及"四大板块"人工智能产业发展分布曲线随时间推移整体保持右移趋势，且高值区人工智能产业发展的提升幅度大于低值区人工智能产业发展的提升幅度。其次，全国及"四大板块"人工智能产业发展分布的主峰高度随时间推移呈现下降趋势，主峰宽度呈现扩大态势，总体离散程度逐渐扩大。再其次，全国及"四大板块"人工智能产业发展分布均呈现右拖尾趋势，表明我国人工智能产业发展存在"优中更优"的现象。最后，我国整体人工智能产业长期呈现多级分化态势，"四大板块"人工智能产业存在不同程度的极化趋势，其中东部地区由两极分化逐步向多级分化过渡，中部、西部地区由单峰分布形态演化为多峰分布形态，而东北地区由单峰形态逐渐转变成偏态"M"双峰形态。

（5）在不考虑空间滞后因素的条件下，全国及"四大板块"人工智能产业发展等级向上转移和向下转移的惰性较大，固化效应较强，组间转移概率较低，呈现出不同程度的俱乐部趋同现象。相比于负向转移，全国及"四大板块"人工智能产业发展实现正向转移的概率相对较大。除西部地区外，2009～2018 年全国、东部、中部及东北地区人工智能产业发展均不存在跳跃式转移。考虑空间滞后因素后，全国及"四大板块"人工智能产业发展与空间滞后类型存在一定的相关性，且处于不同发展等级的省域受空间滞后的影响存在差异。人工智能产业发展处于高等级省域自我发展能力较强，不易受邻近区域影响，而人工智能产业发展处于低等级、中低等级和中高等级省域相对易受邻近区域影响。

（6）我国人工智能产业发展水平空间外溢效应明显，邻近省域人工智能产业的发展及其驱动因素对本省域人工智能产业发展有显著正向影响。信息化水平、市场化水平、对外开放程度、技术进步的直接效应系数均显著为正，其对本省域人工智能产业发展具有重要推动作用。其中技术进步对提升人工智能产业发展水平的贡献度最大，对外开放程度对提升人工智能产业发展水平的贡献度最小。信息化水平、市场化水平、对外开放程度的间接效应系数均显著为正，技术进步的间接效应系数显著为负，结果表明邻近省域信息化水平、市场化水平、对外开放程度能够有效促进本省域人工智能产业的发展，邻近省域技术进步则会抑制本省域人工智能的发展。

（7）在综合评价与空间非均衡特征研究结果基础上，提出了加速推动人工智能产业发展，优化人工智能产业空间布局，强化人工智能产业协同发展的推进策略，从而为构建高质量人工智能产业发展体系提供了决策依据。

目　录

第 1 章
绪　论

1.1　研究背景及意义

作为中国经济发展的重要战略抓手，人工智能产业是我国把控全球信息技术竞争主动权的重要突破口。2017 年 7 月国务院发布的《新一代人工智能发展规划》（以下简称《规划》）明确指出，加快培育具有重大引领带动作用的人工智能产业，促进人工智能与各产业领域深度融合，形成数据驱动、人机协同、跨界融合、共创分享的智能经济形态。[①] 由此，人工智能产业上升为国家战略。同年，工业和信息化部印发的《促进新一代人工智能产业发展三年行动计划（2017—2020)》（以下简称《计划》）指出，以信息技术与制造技术深度融合为主线，推动新一代人工智能技术的产业化与集成应用，发展高端智能产品，夯实核心基础，提升智能制造水平，完善公共支撑体系，促进新一代人工智能产业发展。[②] 这再次明确了人工智能产业发展的主要方向和重点任务。2019 年 3 月《关于促进人工智能与实体经济深度融合的指导

[①]　国务院：《国务院关于印发新一代人工智能发展规划的通知》［EB/OL］. 中国政府网，http：//www. gov. cn/zhengce/content/2017 – 07/20/content_5211996. htm，2017 – 07 – 20.

[②]　工业和信息化部：工业和信息化部关于印发《促进新一代人工智能产业发展三年行动计划（2018—2020 年)》的通知［EB/OL］. 中华人民共和国工业和信息化部，https：//www. miit. gov. cn/zwgk/zcwj/wjfb/zh/art/2020/art_de90191568e94fb0b358864d30c67ae9. html，2017 – 12 – 14.

意见》（以下简称《指导意见》）提出，促进人工智能和实体经济深度融合，要把握新一代人工智能发展的特点，坚持以市场需求为导向，以产业应用为目标，深化改革创新，优化制度环境，激发企业创新活力和内生动力。[①] 这进一步凸显了人工智能产业在国家改革转型中的重要战略作用。由此，人工智能产业作为赋能性强、融合性高、溢出效应突出的新兴产业，是新一轮科技革命和产业革命的战略制高点，加快培育人工智能产业发展，不仅是实现科技跨越式发展的新动能，而且是完成产业转型升级的新机遇，更是促进生产力整体跃升的新引擎，对于辐射经济高质量发展具有深远影响。

在人工智能产业发展的相关政策助力下，我国人工智能产业发展迅猛。根据中国信息通信研究院的数据显示，2020 年中国人工智能产业规模约 3100 亿元，同比增长 15%，中国人工智能企业数约 1450 家，占全球人工智能企业数的 25.89%。我国已成为人工智能产业发展最迅速的国家之一，但我国尚处于人工智能产业发展初期，相比部分国家，仍存在较大差距，面临着高端人才短缺、技术创新能力不足、产业链内企业关联度不高等问题。同时，我国地域辽阔，因为地理特征、社会条件、资源禀赋等因素，导致不同区域经济发展具有较大差异，作为新的经济增长点的人工智能产业，地区间差距更加显著，区域人工智能产业发展是否均衡也成为研究的焦点。为促进区域协调发展，我国深入实施区域协调发展战略，中共十九大报告明确指出，要以创新驱动东部地区优化发展，充分发挥中部地区的优势，强化推进西部大开发举措，深化改革东北老工业基地，形成更加有效的"四大板块"区域协调发展新机制。因此，明确了以四大区域板块为支撑，持续推进"西部开发、东北振兴、中部崛起和东部率先"的区域发展总体战略。"四大板块"区域布局有利于统筹东部、中部、西部及东北地区协调发展，构建东中西、南北方协调联动发展格局。而人工智能产业作为新一轮产业变革的核心驱动力，是培育我国经济增长新动能、构筑产业竞争新优势的重要途径。因此，持续推进"四大板块"人工智能产业的高质量和均衡协调发展对促进产业发展要素资源流动，对加快传统产业转型升级、推动新旧动能转化、获取未来

[①] 习近平：主持召开中央全面深化改革委员会第七次会议［EB/OL］. 中国政府网，http：// www. gov. cn/xinwen/2019 – 03/19/content_5375140. htm，2019 – 03 – 19.

竞争新优势意义重大。

在此背景下，要加速推动人工智能产业发展，优化人工智能产业空间布局，强化人工智能产业协同发展，需要研判我国人工智能产业发展现状、刻画我国人工智能产业发展的空间分布特征、揭示我国人工智能产业的时空演进规律、识别我国人工智能产业的关键影响因素。上述问题的解决需对人工智能产业发展的综合评价和空间非均衡问题进行深入研究，这也引发了本书研究的现实溯源。因此，本书从两条逻辑主线进行深入研究：第一条主线构建我国人工智能产业发展评价体系，并对全国及"四大板块"人工智能产业发展实施综合评价。在综合评价研究基础上进一步延伸；第二条主线从空间关联格局、区域差异测度、区域差异分布动态演进、区域差异影响因素四个维度深入探究"四大板块"人工智能产业发展区域间非均衡特征，从而为优化人工智能产业空间布局发展提供决策依据。

1.2　文献综述

人工智能产业作为融合性高、赋能性强、溢出效应突出的新兴产业，已成为我国把控全球信息技术竞争主动权的重要突破口，对于推进产业结构优化调整和产业转型升级具有重要现实意义。目前人工智能产业的研究处于起步阶段，多数学者仍以与人工智能产业密切相关的战略性新兴产业、高技术产业等新兴产业为研究主题展开研究。因此，按照本书研究的逻辑主线，从人工智能产业发展理论研究、产业发展综合评价研究、产业时空格局演化研究、产业发展影响因素研究四个方面来对人工智能产业及其相关产业进行相关文献梳理。

1.2.1　人工智能产业理论研究

目前，人工智能产业的理论研究主要集中在人工智能产业的概念界定、政策比较及发展路径等内容。

（1）在人工智能产业的概念界定方面。国外多数学者的研究主要集中在人工智能的概念界定，对人工智能产业理论界定的考察较为匮乏。1956 年达特茅斯会议首次提出人工智能是使一部机器的反应方式像一个人在行动时所依据的智能。此后，学者们从不同角度对人工智能概念展开探讨。例如，温斯顿（Winston，1992）认为人工智能是研究如何使计算机去做过去只有人才能做的智能工作；尼尔森（Nilsson，1998）在《人工智能：一种新的综合方法》（Artificial Intelligence：A New Synthesis）一书中指出人工智能是关于知识的学科，即怎样表示知识及怎样获得知识并使用知识的学科；此外，周振华（2016）认为人工智能产业的界定有狭义和广义之分，狭义的人工智能产业主要指通过人工智能算法和技术进行研发应用的产业，广义的人工智能产业则包含所有智能算法、数据计算和符号表征等相关领域所建构的产业。

（2）在人工智能产业的政策比较方面。汤志伟等（2019）通过对比中美两国人工智能产业政策文本间的差异，提出我国人工智能产业政策制定与完善的方向；吕文晶等（2019）基于政策工具和创新过程的二维分析框架，以中国国家层面的 21 项人工智能相关产业政策为样本，系统梳理了中国人工智能产业政策制定现状和存在问题，结果表明中国人工智能产业政策缺乏需求侧和面向商业化阶段的政策工具；王兆祥、宋平（2020）对比考察了国务院、各部委与北上深等典型创新区出台的人工智能支持政策，发现我国人工智能产业支持政策存在跨区协同性不足、需求型与创新评价类政策供给不足等问题；单晓红等（2021）通过构建"政策属性－政策结构"分析框架，对 2015～2019 年京津冀、珠三角和长三角地区人工智能产业政策进行对比分析，研究发现各地区人工智能产业政策趋向强管控态势，但文种缺位明显。

（3）在人工智能产业的发展路径方面。杜传忠等（2018）认为针对我国人工智能产业发展短板，应借鉴发达国家政策措施，从政策支持、服务体系、基础研究、人才培养等方面完善产业发展的外部环境；江兴（2018）提出应采用战略性贸易政策集聚人才和技术资源，从而促进人工智能产业发展。

总体而言，关于人工智能产业发展的理论研究取得了一定成果，且聚焦点主要在于人工智能产业概念界定、产业政策比较及其改进措施、人工智能产业发展路径三个方面。这为人工智能产业发展的模式和方向提供了坚实的理论基础，但无法具体考察出我国人工智能产业发展的阶段特征，而人工智能产业的定量研究对动态评估与跟踪我国人工智能发展水平、探究人工智能产业发展趋势特征、适时调整我国人工智能产业发展战略具有重要意义。

1.2.2　产业发展综合评价研究

基于综合评价流程，本书从评价对象、评价方法、评价指标体系三个方面对人工智能及其相关产业发展综合评价的文献进行了梳理。

1.2.2.1　从评价对象看

多数学者从省域及区域视角对人工智能及其相关产业展开评价研究。

（1）基于省域层面。王黎萤等（2017）以浙江省为研究对象探讨了区域专利密集型产业创新效率差异，研究表明专利密集型产业在物化产出和价值产出环节资源投入与产出不匹配，投入冗余现象严重；吕微、管利娜（2019）从全国省域出发，对我国高技术产业发展进行了综合评价；贾荣言、刘涛（2019）以河北省为研究对象，对战略性新兴产业发展的优劣势进行系统分析；王宏起等（2020）以黑龙江省为研究对象，评价了战略性新兴产业创新生态系统稳定水平；刘凤朝等（2020）基于东北三省，对高技术制造产业创新效率展开评价研究。

（2）基于区域层面。朱伟珠、李春发（2017）从八大经济区出发，对其技术创新能力和新一代信息技术产业进行系统分析；范德成、杜明月（2017）实证考察了京津冀高技术产业技术创新能力；李旭辉等（2020）以长江经济带为研究对象，对人工智能产业发展水平进行了综合评价研究。

以上研究成果多从省域及区域视角出发，仅展现了某个特定研究区域的产业发展特征，但不能反映我国整体区域板块产业发展的总体特征。随着区域协调发展战略的深入实施，我国已逐渐形成了"四大板块＋四大战略＋两大引领区"的区域发展战略体系。"四大板块"发展战略作为统筹东西、协调南北的总体战略，合理界定了经济区域定位和未来发展方向。对于促进产业空间关系调整，形成东部、中部、西部、东北地区良性互动，优化资源配置资源具有重要意义。因此，从"四大板块"视角出发，深入探讨东部、中部、西部、东北地区人工智能产业发展变化趋势及发展规律，对于准确把握我国人工智能产业发展方向、缩小人工智能产业发展差距具有重要现实价值。

1.2.2.2 从评价方法看

目前有关人工智能及其相关产业的研究中多采用主观赋权法和客观赋权法等单一评价方法。

（1）主观赋权法是专家根据其主观认识和专业知识对各个指标的重要程度进行主观价值判断，进而确定权重系数，主要方法包括层次分析法、专家打分法和盲数法等。例如，张亚斌、侯思华（2014）运用层次分析法对 2009～2011 年中国 18 个城市的物联网产业发展水平评价指标体系进行赋权；何宁、夏友富（2018）借助层次分析法对中国装备制造业评价指标体系进行赋权；周钟等（2020）采用专家打分法对新兴技术产业应用生态系统评价指标体系进行主观赋权。

（2）客观赋权法是通过特定的统计方法将原始指标数据进行处理，从而形成具有较强客观性的权重系数，主要方法包括熵值法、灰色关联特征值法、因子分析法、CRITIC 法等。例如，张鸿等（2014）运用熵值法对 2009～2012 年中国 29 个省市的电子信息产业竞争力展开了实证分析；钱吴永等（2014）提出基于灰色关联特征值法的指标体系优化方法，利用差异信息驱动机理对物联网产业可持续发展能力评价指标体系进行赋权；张薇薇等（2018）应用熵值法对新一代信息技术产业"走出去"能力进行综合评价；绍云飞等（2020）运用因子分析法对我国战略性新兴产业创新能力展开了综合评价；李旭辉等（2020）采用 CRITIC 法对 2012～2016 年长江经济带人工智能产业进行了定量评价，同时，进一步采用逐层纵横向拉开档次法对长江经济带、环渤海经济带及丝绸之路经济带人工智能产业自主创新能力进行了综合评价；董天宇、孟令星（2021）运用主成分分析法对中国、美国、英国、德国、印度五个国家人工智能产业国际竞争力展开综合评价。

（3）此外，部分学者采用组合评价法对人工智能及其相关产业进行评价研究。例如，杨栩等（2017）利用层次分析法和熵值法对战略性新兴产业评价指标体系进行主客观加权组合赋权；曹兴等（2017）综合运用基于层次分析法和熵值法的组合赋权法对湖南省战略性新兴产业自主技术创新能力展开评价研究。

总之，现有研究主要呈现以下特点：第一，现有研究成果多采用主观赋权法或客观赋权法等单一评价方法对人工智能及其相关产业进行综合评价。
主观赋权法将评判专家的主观认识充分纳入研究对象评价指标体系中,有利
于形成有效合理的指标权重系数,但同时受限于评判专家的偏好影响,具有
较强的主观随意性,在一定程度上导致评价结果不客观,缺乏科学性;客观
赋权法通过数学统计方法将原始数据间的内在联系充分纳入研究对象评价指
标体系中,有利于形成具有较强客观性的指标权重系数,但在实际赋权过程
中,极易出现实际指标重要程度与计算指标权重系数相差较大的问题。鉴于
主观赋权法与客观赋权法均具有明显的优缺点,本书综合主观赋权法和客观
赋权法的优缺点,采用组合评价法对我国人工智能产业评价指标体系进行赋
权。第二,虽有部分学者考虑到主观赋权法和客观赋权法在实际应用中的优
缺点,采用组合评价法对产业发展进行综合评价,但往往采用均值法对单一
评价方法的评价结果进行线性加权,忽略了不同单一评价方法权重的差异,
无法体现各单一评价方法对评价结果的贡献度,因而本书选取基尼准则法、
模糊 Borda 法和偏差平方最小法三种组合评价方法,从而确保评价结果的科
学性和合理性。

1.2.2.3　从评价指标体系看

不同的学者从不同的视角出发构建了各有侧重的产业发展评价指标体系。
例如,曾雪琴等(2014)构建了包含产业投入能力、产出能力、创新能力和
支持环境四个维度的高新技术产业竞争力评价指标体系;于长钺等(2018)
基于动态演化视角,构建了涵盖产业发展基础、技术创新特性、高新技术特
性和渗透特性的新一代信息技术产业发展水平评价指标体系;王卉彤等
(2019)基于盈利能力、收益质量、偿债能力、成长能力四个方面对中国城
市战略性新兴产业发展质量进行综合评价;李旭辉、魏瑞斌(2019)以产业
信息化的内涵和形成机理为切入点,从信息化支撑环境、信息化投入、信息
化产出三个维度构建了长江经济带战略性新兴产业信息化水平评价指标体系;
孙旭东等(2020)基于清洁、高效、安全和低碳四个维度构建了绿色低碳新
兴产业高质量发展成熟度评价指标体系;戚湧、张洪瑜(2020)基于 PSR
(压力 – 状态 – 响应)模型构建了区域高技术产业创新要素供给评价指标体
系;孙理军等(2020)将科学与技术、产业与市场、政策与环境纳入战略性

新兴产业自主发展的分析框架，并据此构建了战略性新兴产业自主发展水平评价指标体系。

总之，通过梳理现有文献可知，现有研究主要呈现以下特点：第一，现有研究从不同视角构建了产业发展评价指标体系，但缺乏对评价指标体系构建的理论阐释，指标构建的主观臆断性较强，降低了评价结果的科学性和可靠性，基于此，本书在依据人工智能产业的理论基础上，将人工智能产业发展质量纳入考察范畴，系统阐释了我国人工智能产业发展评价指标体系构建的理论依据，从而解决了人工智能产业评价指标体系主观性较强的缺点。第二，现有评价指标体系构建缺乏对指标体系的筛选工作，存在指标不具代表性、专家意见不一致，以及评价指标数量与评价模型有效度的矛盾、评价指标体系是否具有真实性和准确性等问题。因此，本书基于专家咨询法和德尔菲（Delphi）法删除不具有代表性、信息含量低以及专家意见相差较大的指标，并在此基础上利用信度检验和效度检验对我国人工智能产业发展评价指标体系的合理性、准确性和可靠性进行检验，从而确保最终评价指标体系的真实、准确和有效。

1.2.3　产业时空格局演化研究

目前，关于人工智能及其相关产业时空格局演化的研究主要分为以下四类：

（1）对产业发展的空间分布特征展开研究。塞戈维亚、冈萨雷斯（Segovia & Gonzalez，2014）通过使用探索性空间数据分析（ESDA）方法探讨了墨西哥创新产业的空间分布；杨清可等（2014）运用 ESDA 方法分析了我国高新技术产业发展水平的时空格局演变特征，结果表明我国高新技术产业发展存在空间正相关性，且省域正相关性逐步增强；刘鸿雁、雷磊（2017）采用 ESDA 方法揭示了各地区智慧产业的空间分布特征，研究发现智慧产业发展水平存在空间相关性，发展水平相似的省域集聚分布；谢敏等（2017）基于宁波市软件企业数据，考察了宁波市软件产业空间分布及其演化特征，研究发现宁波市软件产业空间集聚态势不断增强，表现出"两心一带"的空间分布格局；王欢芳等（2018）运用 ESDA 方法对我国新能源产业的空间自相

关性进行分析，结果表明我国新能源产业存在高水平集聚现象；黄宾等
（2018）研究发现我国软件产业空间联系强度逐年上升，但内部结构变化明
显，表现为京津和江浙沪核心位置互换、极化与扩散并存且有阶段性侧重两
大特征；汤长安等（2018）研究发现，我国战略性新兴产业存在显著的空间
依赖，表现出明显的空间集聚特征，整体上东部地区战略性新兴产业集聚程
度高于中部和西部。

（2）对产业发展的相对差异进行研究。于伟、张鹏（2015）采用泰尔
（Theil）指数测算了我国高新技术产业发展的地区差距，研究表明以2004年
为界，我国高新技术产业发展差异呈现"先增大，后减小"的变化趋势，且
地区间差异是总体差异的主要来源；肖刚等（2015）采用变异系数法考察了
1995～2013年我国高技术产业发展差异，研究发现我国区域高技术产业发展
差异整体呈逐步扩大趋势；毛炜圣等（2020）采用变异系数法探讨了长江经
济带战略性新兴产业创新能力的发展差距，结果显示长江经济带战略性新兴
产业创新能力的差异总体呈扩大态势，但扩大幅度呈缩小趋势。

（3）对产业发展绝对差异进行研究。杨得前、刘仁济（2018）采用核
（Kernel）密度估计考察我国高技术产业研发补贴的地区差异的动态演进过
程，结果表明我国高技术产业研发补贴强度的地区差异呈现"缩小—扩大—
再缩小"的动态演进趋势，且存在多极化现象；王谦、王哲（2020）采用
Kernel密度估计方法研究了我国战略性新兴产业总量和占比的分布动态演进，
结果表明东部、中部、西部地区战略性新兴产业总量及东部地区战略性新兴
产业占比均呈多极化趋势，东北地区战略性新兴产业总量呈两极分布。

（4）对产业发展的具体转移规律进行研究。吕承超、商圆月（2016）引
入空间马尔可夫（Markov）链讨论高技术产业分布的空间演进，研究发现本
地区高技术产业发展受相邻地区发展水平的影响；杨骞等（2020）采用
Markov链分析方法对我国战略性新兴产业创新效率的演进趋势进行考察。

综上可知，产业时空格局演化研究已经引起了学者们的广泛关注，现有
研究对这一问题展开了富有意义的探讨。梳理现有文献，此类研究主要呈现
以下特点：第一，现有研究多集中于考察产业发展的空间特征，缺乏对产业
发展空间分布规律的深层次探讨，而这方面的研究对于促进地区间产业协同
发展具有重要意义，因此本书在全局空间自相关性分析的基础上，引入局部

空间自相关分析深入考察局部空间单元人工智能产业发展的空间分布规律。第二，现有研究多采用 Theil 指数、变异系数测算产业发展区域差异的大小，但却较少对区域差异进行分解，而这对于制定差异化产业发展协同提升路径具有重要现实意义。基于此，本书采用 Dagum 基尼系数测算我国人工智能产业发展区域差异程度及其来源，探讨区域内和区域间差异状况、演变趋势及差异贡献度，以期为建立差异化人工智能产业发展战略提供现实参考依据。第三，现有部分研究虽对产业发展的空间相关性和相对差异进行了测度，但未能直观体现产业发展的分布动态演进规律，且忽略了对绝对差异的直观动态描述，而 Kernel 密度估计方法能够提供直观、动态的分布图来更好地识别分布动态演变规律。因此，本书利用 Kernel 密度估计方法进一步探究我国人工智能产业发展的分布状况及动态演进规律。第四，尽管部分研究从区域差异及其分布动态演进方面综合研究产业发展的时空演变过程，但是无法解释产业发展水平的内部动态变化规律，而这方面的研究可以为我国产业发展水平时空格局的形成提供一种新视角的解释。因此，本书基于空间相关性、相对差异以及绝对差异研究基础上，采用 Markov 链分析方法揭示我国人工智能产业发展水平的内部动态性及其演化过程。此外，现有研究大多采用传统 Markov 链分析描述产业发展随时间推移而变化的转移特征，然而由于市场经济环境下各地区之间存在较强的空间关联性，空间交互影响和溢出效应显著。因此，本书运用空间 Markov 链分析方法进一步探究人工智能产业发展的空间转移规律。

1.2.4 产业发展影响因素研究

目前针对人工智能及其相关产业发展影响因素的研究可从影响因素的内容和影响因素的识别方法两方面展开。

（1）从影响因素的内容看，学者们主要将经济发展水平（张同斌等，2010）、开放程度（江瑶，2017）、基础设施（裴玲玲，2018）、技术进步（魏守华、周斌，2015）、技术创新（孟庆时，2021）等作为产业发展的影响因素进行研究。扎尼茨基、索沃斯（Czarnitzki & Thorwarth，2012）研究发现与应用研究和开发相比，基础研究对高技术产业发展具有较强的促进作用；

桂黄宝（2014）从工业化进程、开放程度、政府支持程度、科技水平、要素投入水平、企业规模六个维度展开了对我国高技术产业创新效率的影响因素研究；何菊香等（2015）研究发现影响我国互联网产业发展的主要因素包括基础设施、文化教育水平、经济发展水平、科技发展度、经济对外开放程度和互联网产业人力资源规模六个方面；金春雨、王伟强（2015）研究发现人力资本、规模经济、运输成本、基础设施、知识溢出、市场规模和 FDI 均显著影响高技术产业集聚发展；郭泉恩、孙斌栋（2016）研究发现研发资金投入、高校研发水平、研发人员投入、企业规模及市场开放度均显著促进高技术产业创新能力；杨庆等（2018）从宏观经济环境、政府支持、创新环境、产业竞争程度等方面对长江经济带高技术产业发展效率的影响因素展开分析，研究发现宏观经济环境、政府支持、创新环境均对其效率具有正向促进作用，而产业竞争程度则对其发展效率产生负向影响；王良虎、王钊（2020）研究发现产业关联性和人力资本对长江经济带战略性新兴产业的空间集聚水平具有显著促进作用，但政府参与预期并不一致。

（2）从影响因素的识别方法看，学者们分别采用结构方程模型（余泳等，2015）、Logistic 回归模型（刘国巍、邵云飞，2020）、随机前沿模型（项本武、齐峰，2015）等方法测算了不同影响因素对人工智能及其相关产业发展的影响程度。哈什卡、赫瓦茨（Haschka & Herwartz，2020）采用贝叶斯随机前沿方法验证了创新压力和本地网络接入对欧洲高技术产业创新效率的影响；崔等（Choi et al.，2020）采用多元 Probit 模型测算了研发合作对知识密集型产业整体绩效的影响；李煜华等（2015）运用结构方程模型探究了战略性新兴产业技术创新的影响因素，结果表明政府干预、企业协同创新、高校及科研机构的参与是战略性新兴产业技术创新发展的主要影响因素；刘烈宏、陈治亚（2017）利用结构方程模型探究了电子信息产业链投入、产出、发展基础、组织效率、结构效率、生产率对电子信息产业链竞争力的影响；姚潇颖等（2017）通过构建 Logistic 回归模型，对 2012～2013 年战略性新兴产业产学研合作模式及其影响因素进行实证研究；范德成、李盛楠（2018）采用随机前沿模型测度了 2009～2015 年我国高技术产业技术研发效率和经济转化效率，并分析了企业规模、政府资金支持等因素对两阶段效率的影响；张立杰、梁锦凯（2019）采用 Tobit 模型验证了劳动者素质、技术积累、企业自主创新、政府支持和企业规模扩张是影响高技术产业创新的关键因素。

总之，关于人工智能及其相关产业发展影响因素的研究主要呈现以下特征：第一，已有研究或仅考虑了单一因素对产业发展的影响，或选取的影响因素不够全面，为了更加精确地识别人工智能产业发展的驱动因素，本书在充分借鉴现有研究成果的基础之上，综合考量信息化、市场化、开放程度和技术进步对经济社会发展的影响效应。第二，多数学者在构建计量模型时采用理论分析或传统计量模型对产业发展的影响因素展开研究，忽视了地理空间因素对产业发展的空间交互影响，在一定程度上数据背后所反映的本质关系的呈现会存在偏误。此外，虽然有部分学者考虑到空间效应的影响，但是其中多数学者仅采用基于邻接概念的空间邻接权重矩阵，或仅采用基于社会经济因素的空间权重矩阵，缺乏对地理因素和社会经济因素的综合考量。基于此，本书综合考虑地理因素、社会经济因素和地理－社会经济双因素对人工智能产业发展的影响，构建三种空间权重矩阵，采用空间计量经济模型识别我国人工智能产业发展的关键影响因素。

1.2.5 文献述评

通过文献梳理发现，目前关于人工智能产业理论、产业发展综合评价、产业时空格局演化、产业发展影响因素的相关成果为本书的深入研究奠定了良好的基础，但仍存在一定的拓展空间。

第一，基于人工智能产业理论研究。现有人工智能产业相关研究多集中于定性研究，主要涵盖人工智能产业概念界定、产业政策比较及其改进措施、人工智能产业发展路径等方面，这为探索人工智能产业发展方向和途径提供了理论指导，但无法考察我国人工智能产业发展的阶段特征，而人工智能产业的定量研究对动态评估与跟踪我国人工智能发展现状、探究人工智能产业发展趋势特征和规律、适时调整我国人工智能产业发展战略具有重要意义。因此，本书以人工智能产业为研究主体，定量研究人工智能产业发展水平。

第二，基于产业发展综合评价研究。从评价对象看，现有研究多从某一特定区域视角出发，不能反映我国人工智能产业发展的总体特征与未来走向。

作为统筹安排和总体部署区域协调发展战略的基础，"四大板块"发展战略有利于增强发展的内外联动性、形成区域发展新格局，是统筹推进人工智能产业发展的重要着力点。因此，本书从"四大板块"视角出发，探讨我国人工智能产业发展进程、特征、时空演化规律和空间非均衡性。从评价方法看，以往研究多采用主观赋权法或客观赋权法等单一评价方法进行综合评价，由于主观和客观单一评价方法作用机理、方法属性不同，导致评价结果不具有全面性和科学性，而组合评价方法可以有效解决多种单一评价方法评价结论非一致性问题，增强评价结论的可靠性。因此，本书采用主客观组合评价方法，以期提高评价结论的准确性与可信度。此外，现有选择组合评价方法时缺乏对于组合评价方法的适用性检验，未涉及组合评价方法遴选过程，且未对组合评价结论的合理性进行有效性检验。因此，本书采用有效性检验方法、事前检验及事后检验来确保评价结果的稳健性。从评价指标体系看，现有研究忽视了对评价指标体系构建的详细理论阐释，存在指标不具代表性、专家意见不一致，以及评价指标数量与评价模型有效度的矛盾、评价指标体系是否具有真实性和准确性等问题。对此，本书系统阐释了人工智能产业发展评价指标构建的理论依据，并基于专家咨询法和 Delphi 法删除不具有代表性、信息含量低以及专家意见相差较大的指标，解决现有指标体系存在的信息重复、代表性不强、专家意见不一致的问题，同时利用信度检验和效度检验对构建的评价指标体系的合理性、可靠性以及有效性进行检验分析，以保证评价指标体系更加合理、可靠、有效。

第三，基于产业时空格局演化研究。现有关于产业发展区域非均衡研究的相关成果为本书奠定了良好基础，但忽视了对产业发展空间分布规律的深层次探讨，未多层次考虑产业发展的地区差异，无法展现其发展的时空转移规律，且忽视了绝对差异的直观动态描述，同时也无法解释产业发展的内部动态变化过程，因此，本书引入局部空间自相关分析，深入考察局部空间单元人工智能产业发展的空间分布规律，并运用 Dagum 基尼系数考察区域内和区域间差异状况、演变趋势及差异贡献度，同时进一步利用 Kernel 密度估计方法探究我国人工智能产业发展的分布状况及动态演进，在此基础上采用 Markov 链分析方法揭示我国人工智能产业发展水平的内部动态性及其演化过程。此外，现有研究大多采用传统 Markov 链分析描述产业发展随时间推移而变化的转移特征，然而由于市场经济环境下各地区之间存在较强的空间关联性，空间交互影响和溢出效应显著。因此，本书运用空间 Markov 链分析方法进一步探究人工智能产业发展的空间转移规律。

第四，基于产业发展影响因素研究。多数学者在构建计量模型时忽视了地理空间因素对产业发展的空间交互影响，在一定程度上数据背后所反映的本质关系的呈现会存在偏误。此外，虽然有部分学者将空间效应纳入经典计量经济模型中，采用空间计量模型考察了产业发展的影响因素，但是其中多数学者仅考虑地理因素，或仅考虑社会经济因素，缺乏对地理因素和社会经济因素的综合考量。基于此，本书综合考虑地理因素、社会经济因素和地理－社会经济双因素对人工智能产业发展的影响，分别构建三种空间权重矩阵，采用空间计量经济模型识别我国人工智能产业发展的关键影响因素。

1.3　研究内容

为克服已有研究的局限性，本书尝试运用组合评价方法、ESDA 分析方法、Dagum 基尼系数、Kernel 密度估计方法、Markov 链方法以及空间计量分析方法研判我国人工智能产业发展的进程和规律，刻画我国人工智能产业发展的空间分布特征，考察我国人工智能产业发展的区域差异及分布动态演进，识别我国人工智能产业发展的关键影响因素。根据本书研究思路，本书共分为九个章节，各章节内容安排如下：

第 1 章，绪论。本章主要阐释了本书的研究背景和研究意义，通过梳理国内外相关文献，提出了本书要解决的主要问题，最后介绍了本书的研究内容、研究框架和创新之处。

第 2 章，相关概念及理论基础。本章界定了人工智能及人工智能产业的相关概念，并详细阐述了综合评价理论、区域非均衡理论和新经济地理学理论等相关理论，为本书后续的定量研究奠定了理论基础。

第 3 章，人工智能产业发展评价指标体系构建。本章基于统计综合评价理论，立足对人工智能产业内涵进行理论分析的基础上，从科学性原则、系统性原则、代表性原则、导向性原则和可操作性原则出发，初步搭建了人工智能产业评价指标体系的初步框架，然后采用专家咨询法和 Delphi 法对指标体系进行了反复筛选与优化，并对指标体系的最终框架进行了信度检验和效度检验，最终形成体现了科学性、全面性、合理性的人工智能产业发展评价指标体系。

第 4 章，我国人工智能产业发展综合评价及结果分析。本章在构建人工智能产业发展评价指标体系的基础上，基于 2009～2018 年我国 30 个省份（限于资料的获取，本书不涉及西藏自治区及台湾、香港、澳门地区）指标数据，第一，选用熵值法、CRITIC 法、集值迭代法、群组 G1 法四种单一评价方法对人工智能产业发展水平进行综合评价，得到单一评价结果，并对其进行事前 Kendall 一致性检验；第二，运用基尼准则法、模糊 Borda 法、偏差平方最小法三种组合评价方法，并对其进行事后 Spearman 一致性检验，即对组合评价方法与单一评价方法的一致性进行检验；第三，利用相对有效性系数判别组合评价方法的有效性；第四，采用三重差异驱动法进行时序加权，计算我国人工智能产业发展的综合评价值；第五，根据上述评价结果，从总体及分维度视角对我国人工智能产业发展进程及变化趋势展开分析。

第 5 章，我国人工智能产业发展的空间格局演变。本章利用 ESDA 方法刻画我国人工智能产业发展的空间格局演变特征。构建了基于省域的空间权重矩阵，并基于全局空间自相关分析探讨我国人工智能产业整体空间分布特征，最后基于局部空间自相关分析揭示局部空间人工智能产业发展的空间异质性特征。

第 6 章，我国人工智能产业发展的区域差异测度。本章采用 Dagum 基尼系数测算全国及"四大板块"人工智能产业发展区域差异程度及其来源，探讨区域内和区域间差异状况、演变趋势及差异贡献度，并在此基础上，基于 σ 收敛对全国及"四大板块"人工智能产业发展的收敛性进行检验，探究我国人工智能产业发展的收敛机制。

第 7 章，我国人工智能产业发展的分布动态演进。本章运用 Kernel 密度估计方法、传统 Markov 链分析方法和空间 Markov 链分析方法探讨我国人工智能产业发展的分布动态及长期转移趋势。首先，采用 Kernel 密度估计方法刻画我国人工智能产业的整体分布形态，并通过不同时期的比较分析，深入研究我国人工智能产业分布位置、分布延展性与极化现象的动态演进特征；

其次，运用传统 Markov 链分析方法揭示我国人工智能产业发展的具体转移规律；最后，借助空间滞后的概念，引入空间 Markov 链分析方法，描述我国人工智能产业在空间交互影响下的动态转移特征。

第8章，我国人工智能产业发展的影响因素分析。本章基于人工智能产业发展的空间相关性特征，将空间效应纳入经典计量经济模型中，采用空间计量模型探究我国人工智能产业发展的影响因素，并进一步利用空间效应分解方法对所得系数进行分解，以便精确剖析各解释变量对我国人工智能产业发展的直接效应和间接效应。

第9章，研究结论与推进策略。本章在总结前文分析结果的基础上得出相应结论，据此提出提升我国人工智能产业发展水平，推进区域协调发展的针对性政策建议，并对未来研究方向进行展望。

1.4 研究创新

本书的创新工作主要体现在以下几个方面：

（1）本书分别从全国及"四大板块"空间尺度探究人工智能产业发展进程、特征和时空演化规律，这对优化产业发展空间布局，促进区域产业协调发展有重要参考价值。随着国家对区域协调发展战略作出的一系列决策部署，逐渐形成了"四大战略 + 四大板块"的区域协调发展战略体系，即"西部开发、东北振兴、中部崛起、东部率先"总体战略，该战略是基于区域地理位置形成的区域发展战略，这充分考虑了不同区域的经济社会基础，同时也重视了对上述区域未来发展的战略指引，在今后时期内是我国区域协调发展的重要指导性战略。因此，本书从全国及"四大板块"空间尺度出发，深入探讨省域以及东部、中部、西部、东北地区人工智能产业发展变化趋势及时空发展规律，这对于优化产业发展空间布局，促进区域人工智能产业协调发展有重要参考价值。

（2）本书应用主客观组合评价方法、一致性检验和相对有效检验方法，提升了人工智能产业发展综合评价结果的准确性、科学性和合理性。第一，基于主观或者客观的单一评价方法因其适用条件和原理不一致，各有其优缺点，但如果将两种方法进行组合，就可以实现优点互补，因此，本书采用基于熵值法、CRITIC 法的客观评价方法和基于集值迭代法和群组 G1 法的主观评价方法进行组合评价，从而提升了人工智能产业发展评价结果的科学性、准确性和合理性。第二，鉴于不同的组合评价方法导致评价结论非一致的问题，因此，本书基于不同组合评价方法的原理，体现出各单一评价方法对于评价结果的贡献程度，分别应用基尼准则法、偏差平方最小法和模糊 Borda 法对单一评价结果进行组合评价。同时，为了解决组合评价结果的一致性，一方面，本书在对单一评价方法进行组合前，对其进行了 Kendall 一致性检验，保证了单一评价方法评价结果的一致性，在对单一评价方法进行组合后，对其进行了 Spearman 一致性检验，保证了组合评价方法与单一评价方法评价结果的一致性。另一方面，本书采用相对有效性检验方法对三种组合评价方法进行检验，保证了评价结果的相对有效性。因此，本书基于主客观组合评价方法、一致性检验和相对有效检验方法设计的评价方法体系，有效提升了全国及"四大板块"人工智能产业发展综合评价结果的准确性、科学性和合理性，这是本书的重要创新之一。

（3）本书为人工智能产业区域间协调发展提供有效指导路径，按照系统论的观点，创新性探究了全国及"四大板块"人工智能产业发展的空间关联格局、区域差异程度和来源、区域差异分布动态演进、区域差异影响因素等规律和特征，这是本书的重要创新之一。

第 2 章
相关概念及理论基础

2.1　相关概念

2.1.1　人工智能

　　"人工智能"（artificial intelligence，AI）正式提出于 1956 年美国达特茅斯学院（Dartmouth College）召开的达特茅斯会议，这被广泛认可为人工智能诞生的标志。自达特茅斯会议后，随着人工智能相关研究原理和应用的不断深入，学者对人工智能的理解和认知也逐渐发生变化，人工智能的概念逐步扩展，不同领域的学者从不同角度对人工智能进行了定义：人工智能的先驱麦卡锡（McCarthy）将人工智能定义为"研究在计算过程中阐释和仿真智能行为的领域"（李陶深，2002）。美国斯坦福大学人工智能研究中心尼尔逊（Nilson）教授指出"人工智能是关于知识的学科——怎样表示知识以及怎样获取知识并使用知识的科学"（邢传鼎等，2005）。美国麻省理工学院温斯顿（Winston）教授认为"人工智能就是研究如何使计算机去做过去只有人才能做的富有智能的工作"（佘玉梅、段鹏，2018）。清华大学石纯一教授认为"人工智能产业是计算机科学的一个分支，是研究使用计算机来完成能表现出人类某些智能行为的科学，包括计算机实现智能的原理、制造类似于人脑的计算机、使计算机更聪明地实现高层次的应用"[①]。尽管关于"人工智能"目前尚无统一定义，但就其本质而言人工智能是计算机科学、信息论、自动化、仿真学和神经生理学等多种学科相互渗透而发展起来的综合性交叉学科。

2.1.2　人工智能产业

2.1.2.1　人工智能产业链

以技术层级作为划分标准，人工智能领域基本形成了由基础层、技术层和应用层共同组成的人工智能产业链。其中基础层处于产业链的底端，是人工智能应用实现的前提，主要包括算法模型、智能芯片、智能传感器等，其中算法模型属于核心软件，智能芯片和智能传感器属于基础硬件。技术层处于产业链的中层，是人工智能产业发展的动力，主要包括语音识别、文本识别、图像视频识别等产业。应用层处于产业链的顶端，是以基础层和技术层为基础与传统产业的融合应用，主要包括智能教育、智能医疗、智能机器人、智能家居、智能金融等产业。

2.1.2.2　人工智能产业

人工智能产业作为当前全球创新最活跃、溢出带动性最强、渗透性最广的领域，是推动我国经济高质量发展的新引擎和重要载体，正步入快速发展期。通过相关政策资料梳理，可以发现国家主要基于人工智能产业重点发展领域对人工智能产业进行了界定。2017 年，《规划》将智能软硬件、智能机器人、智能运载工具、虚拟现实与增强现实、智能终端、物联网基础硬件作为人工智能产业发展的重点领域；此外，《计划》又进一步将智能网联汽车、智能服务机器人、智能无人机、医疗影像辅助诊断系统、视频图像身份识别系统、智能语音交互系统、智能翻译系统、智能家居产品作为人工智能产业发展的重点领域。此后，为满足对包含人工智能产业在内的战略性新兴产业

---

① 李陶深. 人工智能 ［M］. 重庆：重庆大学出版社，2002.

进行宏观监测和管理的需要，国家统计局在 2018 年公布了《战略性新兴产业分类（2018）》。依据该产业分类战略性新兴产业划分为"新一代信息技术产业""高端装备制造产业""新能源产业"等九大领域，其中新一代信息技术产业进一步细化为"下一代信息网络产业""电子核心产业""新兴软件和新型信息技术服务""互联网与云计算、大数据服务""人工智能"五大子产业，而人工智能产业又包含了"人工智能软件开发""智能消费相关设备制造""人工智能系统服务"三个模块。人工智能产业详细产业分类如表 2 - 1 所示。

表 2 - 1　　　　　　　　　　　　人工智能产业分类

产业名称	产业分类名称	国民经济行业名称	国民经济行业代码
人工智能	人工智能软件开发	基础软件开发	6511 *
		应用软件开发	6513 *
	智能消费相关设备制造	可穿戴智能设备制造	3961
		智能无人飞行器制造	3963
		其他智能消费设备制造	3969 *
		其他电子设备制造	3990 *
	人工智能系统服务	信息系统集成服务	6531 *

注：根据《战略性新兴产业分类（2018）》有关说明解释，国民经济某行业类别仅部分活动属于战略性新兴产业，则在行业代码后加"＊"做标识。

资料来源：根据国家统计局《战略性新兴产业分类（2018）》整理所得。

2.2　理论基础

2.2.1　综合评价理论

评价是指根据确定的目的来测定对象系统的属性，并将这种属性变为客观定量的数值或主观效用的行为（张赛飞，2011）。相比单项评价，综合评价面对的问题更为复杂，目前学术界对综合评价的概念进行了总结和归纳，但是尚未明确达成共识。王宗军（1998）认为综合评价是指对以多属性体系结构描述的对象系统作出全局性、整体性的评价；郭亚军（2002）认为综合评价是指对被评价对象所进行的客观、公正、合理地全面评价；秦寿康（2003）认为综合评价是对研究对象功能的一种量化描述。综上所述，综合评价的核心思想是依据评价对象的多种属性值，选用一定的评价方法对每个评价对象进行赋值，然后根据评价值进行择优或排序。随着现实事物越来越复杂和人们对事物认知的深入，人们越发意识到综合评价的重要性，综合评价已成为分析现实问题以及进行科学决策的有效工具。

目前综合评价已经形成了较为成熟的理论与方法体系，广泛应用于经济、管理、科技、社会等多个领域。综合评价的主要目的在于：一是通过数据分析，充分认识事物的本质，预测事物的发展走势；二是不同评价对象之间相互对比，了解不同评价对象自身发展的优劣势，及时采取措施进行改进；三是对评价对象进行排序和优选，实现相关事物的有效决策和科学管理。

综合评价的过程是各组成要素之间信息流动和组合的过程，综合评价过程通常涉及五个基本要素：一是被评价对象，同类被评价对象的个数要大于1；二是评价指标，从不同层面描述被评价对象所具有某种特征大小的各种度量构成了评价指标体系；三是权重系数，权重系数表征了评价指标间相对重要性的大小；四是集结模型，集结模型将多个评价指标值"组成"一个综合评价值；五是评价者，评价目的的选取、评价指标的构建、评价模型的选择以及权重系数的确定都与评价者有关。综合评价的基本步骤包括了六个方面：一是明确评价对象；二是确定评价目标；三是组织评价小组；四是构建评价指标体系；五是选择评价方法，确定各项评价指标的权重系数；六是依据评价结果（即综合评价值）进行合理决策。由于评价指标体系构建过程具有一定的主观性，导致评价指标体系的随意性较强，甚至能直接影响综合评价的结果，因此构建评价指标体系是综合评价过程中较为重要的环节。

2.2.2 区域非均衡发展理论

区域非均衡发展理论起初是发展中国家为实现经济目标的一种理论选择，

后来经常被借鉴作为区域发展战略决策的理论依据（倪鹏飞，2014）。区域非均衡发展理论认为自然资源要素和社会资源配置的差异导致区域发展的非均衡性，强调应重点选择优先的发展部门或区域以带动整体区域发展，是经济社会发展的重要特征和普遍规律，其代表性理论有增长极理论、循环累积因果理论、不平衡增长理论及核心－边缘理论。

2.2.2.1 增长极理论

增长极理论起初由法国经济学家弗朗索瓦·佩鲁（Francois Perroux）提出，佩鲁基于发生支配效应的经济空间，认为增长极是指那些规模大、增长快速、创新能力高并具有推进性的主导产业部门。实际区域经济发展中，经济增长会以极核为中心，经济空间的发展并非均衡分布在各个地区，它的表现形式为空间上强弱不均的"点状"分布，之后通过不同的途径由极核扩散，最终影响整个区域的经济体系。由丁区域非均衡发展理论尚未成熟，佩鲁的增长极理论存在过于概念化即脱离实际地理空间的局限性，经济学家布代维尔（Bouderville）在佩鲁的基础上拓宽了增长极的概念，将增长极的经济空间概念延伸至实际地理空间，认为经济空间不仅涵盖了各经济变量之间的结构关系，也包括地域结构和空间关系，而增长极不仅表示推进型的主导产业部门，还表示区位条件优越的区域单元。增长极在形成和发展的过程中会产生极化效应和扩散效应带动周边区域发展：极化效应促使资源、技术、资金及人力等生产要素由外围向极点回流和聚集；扩散效应促使各生产要素从增长极向外围地区"外溢"。在增长级发展初期，极化效应占据主导地位，当增长极发展到一定程度后，扩散效应加强，并逐步占据主导地位。

2.2.2.2 循环累积因果理论

循环累计因果理论由瑞典经济学家缪尔达尔（Myrdall）提出，后来卡尔多（Kaldor）、迪克逊（Dixon）和瑟尔沃尔（Thirlwall）等学者进一步完善了该理论。该理论认为在市场机制自然作用下，整个社会经济发展是一个动态的过程，各经济要素之间存在循环累积的因果关系，具体表现为某一要素的变化将引起另一要素的变化，而后者的变化会进一步强化前者的变化。经济发展在空间上不是同步进行的，初始因素占据优势的地区将优先发展，这些凭借初始因素优先发展的地区经过不断累积自身有利因素而循环扩大优势，与此同时初始因素处于劣势的地区由于先天条件不足且后天发展缓慢，导致发展状况落后，区域间出现"高者越高、低者仍低"的现象，加剧了区域间的不平衡。上述过程中产生了回流效应和扩散效应：前者是指社会发展各要素由发展落后地区转移至发展领先地区，不利于落后地区发展，区域差异扩大；而后者是指在发展到一定时期后社会发展各要素成本急剧上升，考虑成本和收益后要素逐渐由发展领先地区向发展落后地区转移，区域差异缩小。在市场机制自然作用下，回流效应占主导作用。因此缪尔达尔认为在经济发展初期应优先发展经济基础较强的地区，在发达地区发展到一定时期后，为防止循环累积因果导致的区域差异过大问题，应通过制定政策等措施激励落后地区发展，以此缩小区域差异。

2.2.2.3　不平衡增长理论

不平衡增长理论由美国经济学家赫希曼（Hischman）在《经济发展战略》中提出，其思想基础为平衡是有条件的、相对和暂时的状态，区域之间的经济发展不平衡是客观的、绝对的。水在没有高差的地方是静止的，是没有活力的；而水在有高差的地方是汹涌澎湃的，是充满活力的。区域经济的发展要想有活力，就必须存在发展的不平衡，区域不平衡有其存在的必然性。该理论认为发展中国家的发展路径是一条"不均衡的链条"，链条上存在主导产业部门和其余部门，由于资源有限，发展中国家应集中资源与资本先发展主导产业部门，促进主导产业部门快速发展，再通过联动效应带动产业链条的上游部门和下游部门逐步发展。同时不平衡增长理论提出了极化效应和涓滴效应的概念，这两种效应的作用机理类似于增长极理论中的极化效应和扩散效应。即在经济发展初期，极化效应占主导，发达地区会吸引落后地区的人口和资源要素向发达地区聚集，此时区域发展不平衡加剧。随着经济不断发展，涓滴效应占据主导，落后地区由于联系效应、发达地区伴随经济发展出现的负面问题和政府部门出台的相关政策迎来发展机遇，经过落后地区不断发展，区域差异缩小。

2.2.2.4 核心 – 边缘理论

核心 – 边缘理论由美国区域规划专家弗里德曼（Firedman）在《区域发展政策》中正式提出，并在《极化发展理论》中将核心 – 边缘发展思想总结为一种具有普遍适用性的理论模型，这种理论模型主要诠释区域的非均衡发展过程。该理论认为区域系统可划分为由核心和边缘构成的二元空间结构，其中：核心区域通常是指创新能力较强，在资源、技术和环境等方面具有更多优势的集聚区域，该区域处于支配地位，通过现代化效应、支配效应、连锁效应和心理效应等多种效应强化自身支配地位；而边缘区域是指经济发展处于劣势的区域。核心和边缘之间的控制依赖关系是该理论的基础，是发展变化的根源。由核心向边缘和由边缘向核心的作用力是不对称的，表明核心与边缘之间的控制依赖关系不平等，这种不平等产生了区域间的不均衡。而经济发展过程中核心和边缘构成的二元空间结构并非是呈静态存在的，而是动态变化的，随着区域壁垒的打破，资源要素的流动，核心区域和边缘区域彼此流动性增强，核心区域的边界不断扩张，边缘区域不断收缩，区域差异将逐渐减弱直至完全消失，最终实现区域一体化发展。

2.2.3 新经济地理学理论

美国经济学家克鲁格曼（Krugman）发表的《经济地理与收益递增》奠定了新经济地理学理论的基础，后经过藤田（Fujita）与鲍德温（Baldwin）等学者进一步丰富与完善了该理论。新经济地理学理论的提出和发展不是偶然现象，是经济发展以及人们对经济现象认识和分析能力进一步深化的必然要求。新经济地理学理论兴起的主要原因在于：第一，在分析经济问题时传统经济学一般都会忽略现实的空间，认为生产要素不需要考虑运费的影响，可以从一个活动空间瞬移至另一个活动空间，但是伴随世界经济全球化和区域化，主流经济学理论不再适用于现实经济发展中遇到的问题。第二，传统均衡论的经济学的假设前提是规模报酬不变和完全竞争条件，但事实证明这一前提假设并不能完全成立。并且由于知识信息具有可共享性、外溢性、扩散性，新经济的特点是在以知识为基础的经济领域边际收益递增。第三，已有的关于空间经济的研究为新经济地理学的提出奠定了基础。虽然已有的空间经济研究均存在一定的不足，但这些研究在空间因素研究方面同样存在许多可取之处，为深层次展开研究提供了丰富的思想平台，并促使部分学者开始尝试如何将它们进行有机组合，意图将空间因素纳入主流经济学范畴内。

新经济地理学理论研究的主要内容为：一是经济活动的空间集聚。新经济地理学研究将不完全竞争假设和规模报酬递增作为研究基础，通过区位集聚的"路径依赖"现象，对经济活动的空间集聚现象展开研究。克鲁格曼认为报酬递增本质上是一种区域和地方现象，经济活动的空间集聚现象是报酬递增的外在表现形式，是各种经济活动集聚后所产生的经济效应或者是以规模经济为主的一种向心力。二是区域增长集聚的动力。依据新经济地理学，经济活动的空间集聚程度主要取决于市场作用的范围、劳动力的可移动性及交通运输成本三种因素。若劳动力的迁移和市场作用在区域整合后增强，则将进一步扩大空间集聚规模，也会加大发达地区与落后地区间的差异。由于区域间的不可流动性，发达地区会出现拥挤现象，劳动力等成本上升，这将扩大经济活动，并削弱空间集聚现象。

新经济地理学理论将空间因素与经济研究相结合，将经济学建模思想和方法与地理学分析有机融合，相比于新古典经济学，该理论以不完全竞争和规模经济、报酬递增为假设条件研究区域经济问题更接近于现实。同时新经济地理学在"一般均衡"框架中引入了报酬递增和空间因素，成功将 D-S 模型与冰山成本相结合，解释了经济学中报酬递增与竞争性一般均衡不兼容的问题（赵磊，2019）。

第 3 章
人工智能产业发展评价指标体系构建

3.1 评价指标体系构建的理论依据

人工智能产业是以人工智能关键技术为核心，涵盖关键技术、核心技术、智能应用和支撑平台的完备产业链和高端产业群，推动人工智能产业发展是赢得全球科技竞争主动权的重要抓手，是推动我国科技跨越发展、产业转型升级、生产力整体跃升的重要战略资源①，已成为推进供给侧结构性改革的新动能、振新实体经济的新机遇、建设制造强国和网络强国的新引擎。《指导意见》明确指出，促进人工智能和实体经济深度融合，要把握新一代人工智能发展的特点，坚持以市场需求为导向，以产业应用为目标，深化改革创新，优化制度环境，激发企业创新活力和内生动力，结合不同行业、不同区域特点，探索创新成果应用转化的路径和方法，构建数据驱动、人机协同、跨界融合、共创分享的智能经济形态。因此，人工智能产业发展核心在于建立在已有资金、人员、基础设施建设等人工智能产业存量资源基础之上，充分发挥财政支持、市场需求驱动和创新资源支撑的推动作用，从而实现人工智能产业健康、稳定、高质量发展。基于此，本书从产业发展基础、产业发展动力、产业发展质量三个维

---

① 习近平：推动我国新一代人工智能健康发展 ［EB/OL］. 新华网，http：//www. xinhuanet. com/2018－10/31/c_1123643321. htm，2018－10－31.

度构建人工智能产业发展评价指标体系。其中，产业发展基础是人工智能产业发展的条件和基础，也是人工智能产业竞争力发展的重要影响因素；产业发展动力是人工智能产业发展的内在动力，是人工智能产业发展活力的源泉，也是人工智能产业实现价值增值、获得竞争优势的重要途径；产业发展质量是人工智能产业发展最为直接的外部呈现，是人工智能产业发展的结果。这三个维度相互联系、相互影响，共同构成人工智能产业发展评价指标体系。

（1）产业发展基础。产业发展基础反映了人工智能产业当前基础状况和整体发展现状水平，对人工智能产业发展起基础性作用，是影响和决定人工智能产业发展质量、综合实力和核心竞争力的关键因素，是支撑人工智能产业高质量发展的必要条件。《计划》强调要"把握人工智能发展趋势，立足国情和各地区的产业现实基础，顶层引导和区域协作相结合，加强体系化部署，做好分阶段实施，构建完善新一代人工智能产业体系。"由此可知，产业发展基础是构筑人工智能产业比较优势和竞争优势、提升产业可持续发展能力、完善新一代人工智能产业体系的战略选择，是人工智能产业发展的重要构成要素和首要基本面，包括与人工智能产业相关的劳动供给、投资支出的财力资源以及物化的基础设施等资源。基于此，本书从劳动供给、资金投入和载体建设三个方面表征产业发展基础。人工智能产业作为知识密集型产业，其价值增值的最关键因素是人的知识和研发成果。因此，劳动供给的投入对人工智能产业具有基础性的影响，人才是促进人工智能产业发展的最重要的资源，高素质、高水平的人工智能产业人才队伍更是人工智能产业发展必要条件。资金作为直接的生产要素参与人工智能产业发展全过程，充足的资金保障及投入有效拓宽了人工智能产业的发展空间，是人工智能产业发展的基础保障，对人工智能产业发展具有重大意义。载体建设是拉动人工智能产业发展的"一驾马车"，更是决定人工智能产业能否健康持续发展的基础性因素，因此，载体建设是人工智能产业发展基础的重要表征之一。

（2）产业发展动力。产业发展动力反映了人工智能产业的可持续发展能力，是激发我国人工智能产业扩大规模并驱动我国人工智能产业高质量发展的关键要素和集合，是增强人工智能产业竞争力、维持人工智能产业活力、提升人工智能产业能级的核心驱动力。《规划》提出要"强化创新链和产业链深度融合、技术供给和市场需求互动演进，以技术突破推动领域应用和产业升级"。此外,《规划》进一步强调要"统筹配置国际国内创新资源,发挥好财政投入、政策激励的引导作用和市场配置资源的主导作用",以实现我国人工智能健康快速发展的现实需求。由此可知,人工智能产业发展是在市场需求、创新资源、政策支持等一系列比较稳定且具有明显作用规则的驱动力的作用下才得以显示其强劲的竞争优势。基于此,作为人工智能产业发展的直接驱动因素,产业发展动力由创新驱动、需求驱动和政策支持三个方面反映。其中,创新驱动是促进人工智能产业资源流动与关联的桥梁,是人工智能产业链向纵深领域延伸的助推剂,是支撑人工智能产业高质量发展的重要驱动力;需求驱动是经济转型升级过程中人工智能产业发展的内生驱动力,人工智能产业要保持自身优势,就必须通过识别不断变化的国内外市场波动趋势以及消费需求偏好,从而准确把握人工智能产业发展趋势与规律;政策支持是引导人工智能产业发展的重要动力,也是推进人工智能产业升级的重要保障。

(3)产业发展质量。产业发展质量反映了人工智能产业发展过程中产生的经济社会效益及结构演变规律。习近平总书记强调,我国经济已由高速增长阶段转向高质量发展阶段,正处在转变发展方式、优化经济结构、转换增长动力的攻关期,迫切需要新一代人工智能等重大创新添薪续力。[①] 因此,在新一轮科技革命、产业革命和经济高质量发展的交汇点上,人工智能产业的高质量发展不仅是引领科技革命和产业革命的重要驱动力量,而且是引领中国经济高质量发展的重要抓手,更是人工智能产业发展的最终目标和最终归宿。《中共中央关于制定国民经济和社会发展第十四个五年规划和二〇三五年远景目标的建议》提出,经济社会发展要努力实现"在质量效益明显提升的基础上实现经济持续健康发展",实现"经济结构更加优化"。由此可知,作为引领中国经济高质量发展的战略抓手,人工智能产业要实现高质量发展,就必须在保证人工智能产业一定发展速度的前提下,实现人工智能产业规模效益提升和结构优化的双重发展。基于此,产业发展质量从结构优化和规模效益两个方面表征。其中,人工智能产业结构优化表示区域内人工智能企业的数量比例关系和区域产业分布由不协调走向协调的合理化过程,推动区域人工智能产业结构合理化是夯实

---

① 习近平:加强领导做好规划明确任务夯实基础 推动我国新一代人工智能健康发展 [N].人民日报,2018-11-01(1).

人工智能产业持续健康发展的基础，因此结构优化是产业发展质量的重要组成。此外，人工智能产业发展应以一定增长速度为基础，实现规模和效益的均衡发展，规模效益协调发展是人工智能产业可持续发展的必然结果。因此，规模效益也是人工智能产业发展质量的具体反映。

综上所述，产业发展基础、产业发展动力、产业发展质量相互联系、相互影响，共同构成人工智能产业发展评价指标体系。其中，产业发展基础是人工智能产业发展的重要组成部分，是人工智能产业发展的基础性因素；产业发展动力是人工智能产业发展的激励性因素，也是提升人工智能产业竞争力的关键；产业发展质量是产业发展基础和产业发展动力直接作用的结果，并受产业发展基础和产业发展动力的制约。

3.2 评价指标体系构建的初级设计

3.2.1 构建原则

人工智能产业发展评价体系是由表征人工智能产业各方面特征既相互联系又彼此独立的多个统计指标所构成的具有内在结构的有机统一体，是进行人工智能产业发展评价的基本前提和基础，决定了评价结果是否客观有效。指标选取结果不同，往往会对评价结果的准确与否造成较大影响。因此，在选取人工智能产业发展评价指标时，必须多层次、多方面、多角度综合考虑，深入分析人工智能产业的基本概念，把握统计指标属性、内涵及可表征的外在特征，明晰指标间的相关关系，使指标具备全面性和科学性，同时具有一定的可操作性。根据上述研究并充分考虑人工智能产业发展的实际情况，本书构建人工智能产业发展评价指标体系遵循以下原则。

（1）科学性原则。科学合理的评价指标体系是分析我国人工智能产业发展水平的前提条件，保障了评价结果的有效性。因此，人工智能产业发展评价指标体系的整体框架设计、具体指标选取、赋权及计算，都必须遵循科学性原则，不能仅依靠主观判断，应建立在对我国人工智能产业发展的内涵及内在规律充分理解的基础上，保证整个评价过程科学客观地进行。

（2）系统性原则。人工智能产业发展是多个因素共同作用的复杂系统。因此，对我国人工智能产业发展的评价需从系统角度出发，选取的指标既要反映系统整体状况又要表示系统内部结构规律，指标之间既相互独立又彼此联系，形成一个系统的评价指标体系，从而将人工智能产业各方面有机结合。

（3）代表性原则。评价指标体系构建经验表明，过于复杂的指标体系不仅会增加指标收集和计算的难度，还会造成部分指标重复冗余。因此，在构建人工智能产业发展评价指标体系时，应遵循代表性原则，尽可能选取具有代表性的指标，避免选用相关性强、意义相近的指标，使选取的指标在全面反映人工智能产业发展的基础上简洁明了。

（4）导向性原则。人工智能产业发展评价的目的不仅在于测度不同地区人工智能产业发展水平，而是意图通过评价发现人工智能产业发展存在的问题，为实现人工智能产业高质量发展提供有效的建设路径，以便更好地推进人工智能产业发展建设。因此，在构建评价指标体系时，应遵循导向性原则，既能充分体现人工智能产业发展的内涵和目标，也能准确地把握人工智能产业发展的实质。

（5）可操作性原则。数据的获取是进行评价的基础，在构建评价指标体系时，指标的可操作性是一个基本要求。可操作性原则是指选取的指标数据易于收集和计算，有利于减少主观判断造成的失误。如果选取的某些指标难以获取或根本无法获取，那么就表明这类指标在实际应用中不具有可操作性，也无法纳入指标体系中。若要保证评价指标体系的可操作性，需选取公认度高、稳定性强、可以连续获得的指标。

3.2.2　技术路线

人工智能产业发展受到来自多方面因素的影响，其复杂程度无法仅依靠单一指标描述，因此为全面且科学地评价人工智能产业发展，首先需要解决是构建评价指标体系。人工智能产业评价指标体系是测评和规范人工智能产业发展的关键，是促进不同人工智能产业形成互动学习机制的重要基础。本书从明确人工智能产业发展目的出发，绘制人工智能产业发展评价指标体系构建流程图，具体如图 3 - 1 所示。第一，明确人工智能产业发展目标；第二，基于人工智能产业发展评价指标体系构建的理论基础，构建与评价对象特征和综合评价目的相适应的评价指标体系初级框架；第三，依据指标筛选原则，采用专家咨询法和 Delphi 法筛选评价指标并优化人工智能产业发展评价指标体系；第四，运用统计分析方法对筛选后的评价指标体系进行信度检验和效度检验；第五，根据检验结果，最终确定人工智能产业发展评价指标体系。

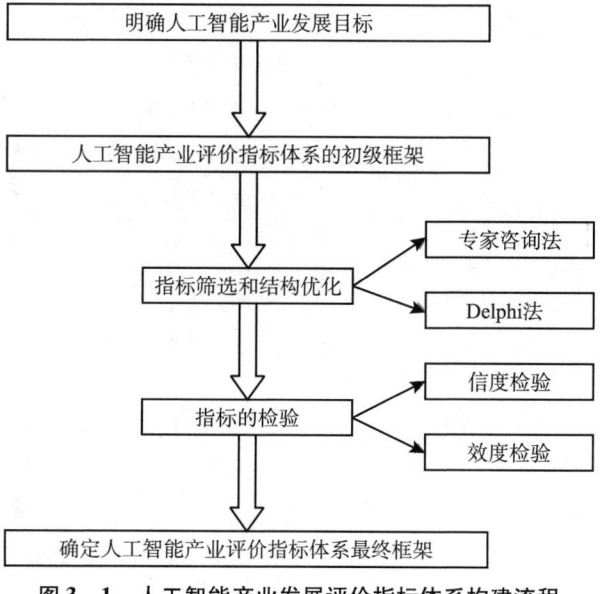

图 3 - 1　人工智能产业发展评价指标体系构建流程

3.2.3　初级框架

根据上述人工智能产业评价指标体系构建的理论基础，并对人工智能产业发展政策、文件及相关新兴产业文献进行全面梳理，遵循评价指标体系构建的基本原则，构建包含产业发展基础、产业发展动力和产业高质量发展 3 个准则层，劳动供给、资金投入、载体建设等 8 个一级指标，人工智能产业 R&D 人员数、人工智能产业从业人员数、人工智能产业 R&D 总经费等 43 个二级指标的人工智能产业发展评价指标体系初级框架，如表 3 - 1 所示。

表 3 – 1　　　　　　　　　人工智能产业发展评价指标体系初级框架

目标层	准则层	一级指标	二级指标
人工智能产业 发展评价	产业发展基础	劳动供给	人工智能产业 R&D 人员数
			人工智能产业从业人员数
			普通高校在校生人数
		资金投入	人工智能产业 R&D 总经费
			人工智能产业 R&D 经费投入强度
			人工智能产业固定资产投资额
			投资融资力度
		载体建设	国家高新技术开发区数
			科技企业孵化器数
			人工智能产业科研机构数量
			高等教育机构数
	产业发展动力	创新驱动	新产品开发经费支出
			人工智能产业技术引进经费支出
			人工智能产业消化吸收经费支出
			人工智能产业技术改造经费支出
			人工智能产业购买国内技术经费支出
			人工智能产业有效发明专利数
			人工智能产业形成技术标准数
			知识产权保护力度
			创新意识指数
		需求驱动	高技术产品进出口贸易总额
			人工智能产业主营业务收入
			人工智能产业新产品销售收入
			市场竞争程度
			电子商务销售额
			区域进出口总额
			地区出口交货值

目标层	准则层	一级指标	二级指标
人工智能产业 发展评价	产业发展动力	政策支持	政府 R&D 经费
			科技拨款数
			税收优惠政策支持力度
			技术市场成交合同额
	产业高质量 发展	结构优化	区域人工智能企业数
			人工智能产业集中度
			人工智能产业附加率
			人工智能产业高新化程度
			人工智能产业集群协同水平
		规模效益	人工智能产业总资产
			人工智能产业利润总额
			人工智能产业市场占有率
			人工智能产业对区域 GDP 贡献度
			人工智能产业存货周转率
			人工智能产业销售毛利率
			人工智能产业资产负债率

3.3 评价指标的筛选

经过上述理论分析构建的人工智能产业发展评价指标集是按照研究者的理解和意志进行的,主观随意性较强。如果指标体系设计得不合理,那么不管采用何种评价方法、评价模型,其评价结果都将毫无意义。人工智能产业发展评价指标体系的初级框架仍存在以下问题:一是数据资料无法获取,可能存在数据缺失或者无法量化的指标;二是评价指标体系不全面,可能存在根据数据可获得性主观地选取指标的情况;三是评价指标体系过于庞大复杂,可能存在一些信息重复量大、影响力小的指标被选入评价指标体系;四是评价指标区分力度不大,可能存在指标对评价对象的差异不敏感,区别力差的情况。因此，本书在遵循可获得性、完备性、简明性和灵敏性原则的基础上，通过专家咨询法和 Delphi 法筛选评价指标并简化、优化人工智能产业发展评价指标体系，确保筛选后的人工智能产业发展评价指标体系既能全面客观反映人工智能产业发展动态和进程，又能揭示人工智能产业发展规律和特征。

3.3.1 筛选原则

3.3.1.1 可获得性原则

虽然人工智能产业发展包含十分丰富的具体内容，但人工智能产业发展评价可行性的必要条件之一是能够获得指标的原始数据资料，那些无法获得的指标或者无法进行统计测算的指标不宜纳入评价体系中。由于本书所采用的数据均来源于各省份公开的统计年鉴、统计公报以及其他公开出版的统计年鉴、报告等，因此，人工智能产业发展评价指标体系中的指标数据必须保证通过以上方式能获得原始数据资料。

3.3.1.2 完备性原则

基于上述理论基础构建的人工智能产业发展评价指标体系要能全面反映人工智能产业发展的相关情况，每一条理论都要有相应的支撑指标，明确评价的最终目的，保证人工智能产业发展评价的考察内容不失偏颇。

3.3.1.3 简明性原则

虽然人工智能产业发展是一项复杂的系统工程，但是评价指标体系在满足完备性的同时还要保证指标体系大小的适宜性。过小的指标体系难以充分反映人工智能产业发展实际情况，过大的指标体系导致评价者过分集中在细小问题上。因此，指标体系的筛选要遵循用尽可能少的指标反映尽可能多的信息量，保留关键综合性指标，提高评价的准确度和效率。

3.3.1.4 灵敏性原则

对人工智能产业发展评价指标集进行筛选，应当保留那些对评价结果有重要影响的指标，删除那些相对于评价目标来说不重要的指标。只有具有较强辨别力和区分力的指标，才能保证对于不同的评价对象反应敏感。

3.3.2 指标筛选

3.3.2.1 专家咨询法

专家咨询法是在初步构建出评价指标体系的基础上，通过咨询相关领域专家的意见，对指标进行进一步筛选和调整的方法。根据专家本人长期积累的经验，剔除信息含量低、代表性不强的指标，保留专家认可的指标。

起初，通过专家咨询法来完善人工智能产业发展评价的第一轮指标体系。选取统计学、社会学等学术界研究产业经济发展的专家、高校从事产业经济发展研究方向的教师、与产业学和经济研究有密切联系的工作人员和相关领域的学者共 20 人，对人工智能产业发展评价指标体系初级框架开展深入的讨论、分析和评估，本轮指标体系的调整和修订情况如下：

（1）删除无法量化的指标。删除"投资融资力度""知识产权保护力度""市场竞争程度""税收优惠政策支持力度""人工智能产业高新化程度""人工智能产业集群协同水平"6 个无法定量化的指标。

（2）删除个别省份数据缺失的指标。删除"人工智能产业 R&D 经费投入强度""人工智能产业形成技术标准数""人工智能产业存货周转率""人工智能产业销售毛利率""人工智能产业资产负债率"5 个个别省份数据存在缺失的指标。

（3）合并同类指标。将"人工智能产业技术引进经费支出""人工智能产业消化吸收经费支出""人工智能产业技术改造经费支出""人工智能产业购买国内技术经费支出"合并至"人工智能产业技术优化升级经费"。

（4）将总量指标变成人均指标和相对指标。将"人工智能产业从业人员数"变成"人工智能产业从业人员占比"，将"科技拨款数"变成"科技拨款占财政支出比"，将"区域人工智能企业个数"变成"人工智能产业企业密度指数"。

根据上述调整与修订，得到人工智能产业发展评价第一轮指标体系，由

3 个准则层、8 个一级指标层和 29 个二级指标构成，其中"产业发展基础"
准则层共包含 3 个一级指标，9 个二级指标；"产业发展动力"准则层共包含
3 个一级指标，13 个二级指标；"产业高质量发展"准则层共包含 2 个一级
指标，7 个二级指标。通过专家咨询法筛选得到人工智能产业发展评价第一
轮指标体系框架如表 3 - 2 所示。

表 3 - 2　　　　　　　人工智能产业发展评价指标体系第一轮框架

目标层	准则层	一级指标	二级指标
人工智能产业发展评价	产业发展基础	劳动供给	人工智能产业 R&D 人员数
			人工智能产业从业人员占比
			普通高校在校生人数
		资金投入	人工智能产业 R&D 总经费
			人工智能产业固定资产投资额
		载体建设	国家高新技术开发区数
			科技企业孵化器数
			人工智能产业科研机构数量
			高等教育机构数
	产业发展动力	创新驱动	新产品开发经费支出
			人工智能产业技术优化升级经费支出
			人工智能产业有效发明专利数
			创新意识指数
		需求驱动	高技术产品进出口贸易总额
			人工智能产业主营业务收入
			人工智能产业新产品销售收入
			电子商务销售额
			区域进出口总额
			地区出口交货值
		政策支持	政府 R&D 经费
			科技拨款占财政支出比
			技术市场成交合同额

续表

目标层	准则层	一级指标	二级指标
人工智能产业发展评价	产业高质量发展	结构优化	人工智能产业企业密度指数
			人工智能产业集中度
			人工智能产业附加率
		规模效益	人工智能产业总资产
			人工智能产业利润总额
			人工智能产业市场占有率
			人工智能产业对区域 GDP 贡献度

3.3.2.2 Delphi 法

Delphi 法又称专家调查法，是为避免面对面头脑风暴法的缺乏而提出的一种定性预测方法，这种方法在很大程度上避免专家们受彼此间或权威学者的主观意见而屈服于权威的现象，通过多轮调查、反复征询和结果总结修稿，最后归纳出一个反映群体意志的较为准确的意见。该方法的优点在于：第一，操作简便易行，通过咨询相关领域不同专家学者意见，一定程度上化主观为客观，具有一定程度的科学性与客观性；第二，资源利用充分，通过集成相关领域专家长期积累的知识与经验，充分发挥专家作用；第三，最终结论可靠，参会的专家之间可以互不了解，且采用匿名或背靠背的方式，避免专家受其他外在因素的影响，保证结论的统一性。本书采用 Delphi 法对人工智能产业发展评价指标体系进行第二轮筛选，具体实施步骤如下：

（1）成立专家团队。根据 Delphi 专家遴选标准，邀请对产业发展和经济发展有丰富理论和实践经验的专家学者共 20 名。参与的专家分为两大类别，一类是与产业发展有密切联系的工作人员；二是统计学、社会学等学术界研究产业发展或经济发展的专家、高校从事产业经济或经济发展研究方向的教师和相关领域的学者。

（2）发放调查问卷。以邮件方式向 20 名专家提供人工智能产业发展相关背景材料和人工智能产业发展的初级评价指标体系。要求专家在充分理解评价指标的基础上，对指标重要性进行评判并打分，具体量化标准见表3-3。此外，本书调查问卷设置成开放式调查问卷，如果有专家认为评价指标体系中存在不合理的指标，可独立地给出自己的意见和建议，在问卷中进行指标的补充、更改或调整。

表3-3 专家评分对应量化标准

评价等级	量化分值
很重要	10
重要	8
较重要	6
一般重要	4
较不重要	2
不重要	1

（3）征询意见。收集专家的调查意见，对返回的意见进行归纳总结、统计分析，再将汇总后的结果反馈给专家，请专家根据反馈意见重新分析，再次评分，如此循环，直到专家意见结果达成一致停止征询。本书通过两轮征询后20名专家的意见趋于稳定，终止征询。

（4）全面分析调查资料。根据专家积极性指数、专家权威系数、专家意见集中度、专家意见协调度对专家意见进行可靠性分析。本书采用的两轮Delphi法的基本评判指标说明如下：

①专家积极性指数 P_j。P_j 用以说明专家对本书的关心、合作程度，也称为专家咨询调查表回收率，通常用参与评价的专家数与专家总数之比来表示。本书两轮Delphi过程均发放调查问卷20份，回收20份，回收率为100%，P_j 也均为100%。此外，部分专家认真填写了调查问卷，还在开放式调查问卷中提出了宝贵意见，这对后续指标筛选过程和最终评价指标体系框架的构建起到很大的指导作用。由此可以看出，参与调查的专家对本书反应积极，问卷有效性显著。

②专家权威系数 C_r。C_r 反映了专家的权威程度，其大小直接影响调查结果的预测精度。计算公式为：

$$C_r = \frac{C_a + C_s}{2} \qquad (3-1)$$

其中，C_a 表示专家对指标打分的判断依据；C_s 表示专家对评价指标的熟悉程度。C_r 取值介于 0 ~ 1 之间，其值越大，评价结果越可靠。当 $C_r \geqslant 0.7$ 时，表明专家对评价指标的选择有较大把握，评价结果可靠。C_a 和 C_s 的量化标准如表 3 - 4 所示。本书的 20 位专家权威系数均不低于 0.7，反映出评价结果的可信度高。

表 3 - 4　　　　　　　　专家判断依据 C_a 和熟悉程度 C_s 量化标准

量化标准		量化值	量化标准		量化值
判断依据 C_a	实践经验	1.0	熟悉程度 C_s	很熟悉	1.0
	理论分析	0.8		熟悉	0.8
	参考文献	0.6		较熟悉	0.6
	同行了解	0.4		不太熟悉	0.4
	直观选择	0.2		不熟悉	0.2

③专家意见集中度 M_j、K_j。用评价指标 j 的均值 M_j、满分率 K_j 度量专家意见的集中程度。M_j、K_j 值越大，表明该指标的重要性越大，专家意见越集中。计算公式为：

$$M_j = \frac{\sum_{i=1}^{m_j} u_{ij}}{m_j}, \quad (j = 1, 2, \cdots, 122) \qquad (3-2)$$

$$K_j = \frac{n_j}{m_j}, \quad (j = 1, 2, \cdots, 122) \qquad (3-3)$$

其中，m_j 为参加指标 j 打分的专家总数；u_{ij} 为第 i 个专家对指标 j 的打分值；n_j 为对指标 j 打满分的专家数。

④专家意见协调度 V_j。V_j 是指专家对指标 j 打分值的波动程度，反映了专家组成员意见的收敛程度，V_j 越小，表明专家对指标 j 意见的协调程度越大。通常用变异系数表示，计算公式如下：

$$V_j = \frac{\sigma_j}{M_j}, \quad (j = 1, 2, \cdots, 122) \qquad (3-4)$$

其中，σ_j 为指标 j 打分值的标准差；M_j 为评价指标 j 打分值的均值。

表3-5 报告了专家对人工智能产业发展评价指标体系第二轮筛选统计分析的结果。

表3-5   Delphi 法最终结果统计分析

指标名称	平均值	满分率	中位数	变异系数	均方根
人工智能产业 R&D 人员数	7.55	15.00	7.0	0.23	7.76
人工智能产业从业人员占比	7.65	25.00	8.0	0.26	7.90
普通高校在校生人数	3.50	0.00	3.0	0.64	4.15
人工智能产业 R&D 总经费	7.20	0.00	7.5	0.19	7.33
人工智能产业固定资产投资额	6.90	0.00	7.0	0.25	7.12
国家高新技术开发区数	7.40	15.00	7.5	0.27	7.67
科技企业孵化器数	7.15	15.00	7.0	0.29	7.45
人工智能产业科研机构数量	7.75	25.00	8.0	0.28	8.05
高等教育机构数	4.75	0.00	5.0	0.48	5.27
新产品开发经费支出	7.55	25.00	8.0	0.29	7.87
人工智能产业技术优化升级经费支出	7.45	25.00	8.0	0.29	7.76
人工智能产业有效发明专利数	7.60	25.00	8.0	0.29	7.92
创新意识指数	5.20	0.00	5.5	0.41	5.62
高技术产品进出口贸易总额	7.35	5.00	7.0	0.22	7.53
人工智能产业主营业务收入	7.65	30.00	8.0	0.28	7.95
人工智能产业新产品销售收入	7.25	10.00	7.5	0.30	7.58
电子商务销售额	5.25	0.00	5.0	0.37	5.60
区域进出口总额	4.60	0.00	4.0	0.45	5.05

续表

指标名称	平均值	满分率	中位数	变异系数	均方根
地区出口交货值	4.40	0.00	4.5	0.42	4.76
政府 R&D 经费	8.30	50.00	9.5	0.27	8.59
科技拨款占财政支出比	8.00	30.00	8.0	0.23	8.20
技术市场成交合同额	4.70	0.00	5.0	0.32	4.94
人工智能产业企业密度指数	7.75	20.00	8.5	0.26	8.02
人工智能产业集中度	7.50	0.00	8.0	0.20	7.64
人工智能产业附加率	4.95	0.00	5.5	0.50	5.55
人工智能产业总资产	7.15	10.00	7.0	0.27	7.41
人工智能产业利润总额	7.30	20.00	8.0	0.35	7.75
人工智能产业市场占有率	7.35	15.00	7.5	0.24	7.56
人工智能产业对区域 GDP 贡献度	7.40	5.00	8.0	0.21	7.56

本书主要依据专家对各评价指标打分的均值确定指标调整方案，具体方法是：分别利用算数平均算法、中位数和均方根算法计算评价指标的平均值，选用三种算法的方差作为判断依据，方差越小表明此种算法的计算结果更接近真值。计算结果表明，评价指标采用算数平均算法计算的方差为 1.7877，中位数算法计算的方差为 2.3941，均方根算法计算的方差为 1.5674，均方根算法计算的结果更接近真值，因此将均方根计算结果作为指标筛选的依据。根据表 3－5 可知，评价指标的算数平均值得分大于 6 即是专家认为比较重要的指标，应当予以保留。综合上述分析，"普通高校在校生人数""高校教育机构数""创新意识指数""电子商务销售额""区域进出口总额""地区出口交货值""技术市场成交合同额""人工智能产业附加率"共 8 项指标被筛选掉。此时，筛选后的所有指标的算数平均值均大于 6.9，专家意见协调度均小于 0.35，表明专家对 Delphi 法筛选后的人工智能产业发展评价指标体系的科学性、合理性持肯定态度，对该指标体系的意见协调程度达成了比较一致的意见。本轮筛选后的指标框架如表 3－6 所示。

表3-6　　　　　　　　人工智能产业发展评价指标体系第二轮框架

目标层	准则层	一级指标	二级指标
人工智能产业发展评价	产业发展基础	劳动供给	人工智能产业 R&D 人员数
			人工智能产业从业人员占比
			普通高校在校生人数
		资金投入	人工智能产业 R&D 总经费
			人工智能产业固定资产投资额
		载体建设	国家高新技术开发区数
			科技企业孵化器数
			人工智能产业科研机构数量
			高等教育机构数
	产业发展动力	创新驱动	新产品开发经费支出
			人工智能产业技术优化升级经费支出
			人工智能产业有效发明专利数
			创新意识指数
		需求驱动	高技术产品进出口贸易总额
			人工智能产业主营业务收入
			人工智能产业新产品销售收入
			电子商务销售额
			区域进出口总额
			地区出口交货值
		政策支持	政府 R&D 经费
			科技拨款占财政支出比
			技术市场成交合同额
	产业高质量发展	结构优化	人工智能产业企业密度指数
			人工智能产业集中度
			人工智能产业附加率
		规模效益	人工智能产业总资产
			人工智能产业利润总额
			人工智能产业市场占有率
			人工智能产业对区域 GDP 贡献度

3.4 评价指标的检验

3.4.1 信度检验

评价指标的信度是指在综合评价中，评价指标所反映的评价结果的内部一致性或可靠性程度，它是衡量评价指标体系可靠性与一致性的重要技术参数。人工智能产业发展评价指标体系必须通过信度检验，目前信度分析最常用的方法有折半信度分析、评价者信度分析和内部一致性信度分析等方法，结合人工智能产业发展评价指标体系的结构特征与数据特征，本书采用内部一致性信度 Cronbach's Alpha 系数来界定评价指标体系的可靠性程度，计算公式如下：

$$\propto = \left(\frac{n}{n-1}\right) \left| 1 - \frac{\sum\limits_{i=1}^{n} S_i^2}{S^2} \right| \qquad (3-5)$$

其中，n 代表人工智能产业发展评价指标体系中的指标个数；S_i^2 是第 i 个评价指标的方差；S^2 是人工智能产业发展评价体系中所有指标的方差。

一般来说，当 $\propto \leqslant 0.5$ 时，评价指标体系较不可信；当 $0.5 < \propto \leqslant 0.7$ 时，评价指标体系可信度较好，这是最常见的信度接受范围；当 $0.7 < \propto \leqslant 0.9$ 时，评价指标体系可信度很好；当 $\propto > 0.9$ 时，评价指标体系的可信度十分好。Cronbach's Alpha 系数与评价指标体系的可靠性呈正向关系，其值越大，评价指标体系的可靠性越高，本书利用 SPSS 25.0 软件测算人工智能产业发展评价指标体系及各准则层的 Cronbach's Alpha 系数，测算结果如表 3 - 7 所示。

从表 3 - 7 中可以看出，人工智能产业发展评价指标体系的 Cronbach's Alpha 系数值为 0.968 > 0.9，说明 21 个指标内部结构一致，评价指标体系具有十分高的可信度；产业发展基础、产业发展动力和产业发展质量的 Cronbach's Alpha 系数值分别为 0.924、0.939、0.848，均大于 0.8，说明这三个准则层

表3-7　　　　　人工智能产业发展评价指标体系 Cronbach's Alpha 系数

项目	Cronbach's Alpha 系数值	指标数量（个）
指标体系	0.968	21
产业发展基础	0.924	7
产业发展动力	0.939	8
产业发展质量	0.848	6

的指标体系可信度很好。综上所述，人工智能产业发展评价指标体系及各准则层的评价指标体系具有较好的信度，评价指标体系构建科学合理。

3.4.2　效度检验

评价指标体系的效度是指经过实证筛选后的指标体系的有效性水平，能够准确反映与测量出人工智能产业发展评价指标体系究竟在多大程度上获得了评价对象特质的真实性和准确性，即评价指标体系的有效性程度。目前效度分析常用的方法有构想效度分析、实证效度分析和内容效度分析等方法，结合人工智能产业发展评价研究对象的内涵特征，本书采用内容效度分析来衡量指标体系的有效性水平。内容效度分析是采用专家经验判断法，通过邀请一些该研究领域的专家根据自身专业知识与实际经验进行评判，确定评价指标与评价对象之间关系的密切程度。在实际操作中通常用内容效度比 CVR 来表示评价指标体系效度的大小。计算公式如下：

$$CVR = \frac{M - N/2}{N/2} \qquad (3-6)$$

其中，M 为评价过程中认为某个评价指标很好地反映评价对象实际水平的专家总数；N 为参与评价的专家总数。CVR 取值介于 $0 \sim 1$ 之间，其值越接近于 1，表明人工智能产业发展评价指标体系的效度越高。

本书的效度检验与前文指标筛选的 Delphi 法相结合进行。根据 Delphi 法统计数据分析结果计算人工智能产业发展评价指标体系的内容效度比（CVR）。图3-2中结果显示，人工智能产业发展评价指标体系中除"科技企业孵化器"该项指标的 CVR 为 0.5 外，其余约 95.24% 的指标 CVR 均不低于 0.6。

由此可见，本书构建的人工智能产业发展评价指标体系中绝大多数指标均能较好地反映评价对象的主要特征，内容效度良好。

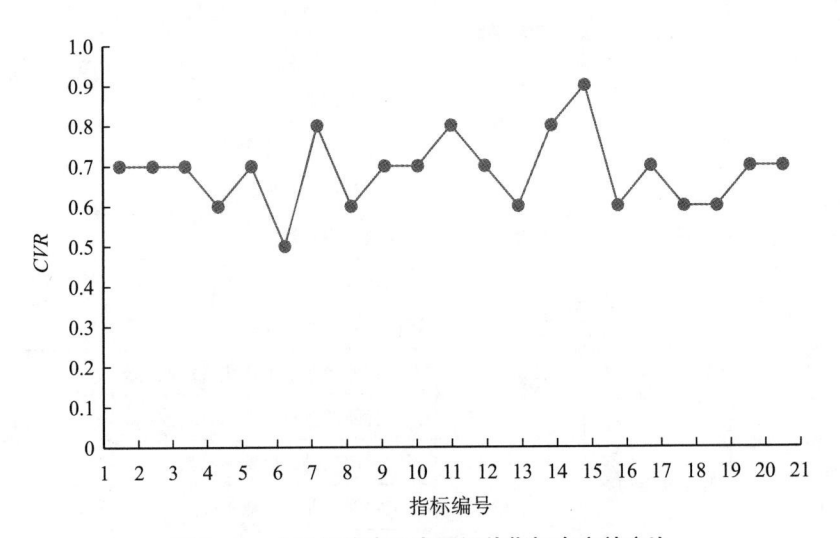

图 3 – 2　人工智能产业发展评价指标内容效度比

3.5　评价指标体系的最终框架

3.5.1　最终框架

根据人工智能产业发展的内涵，以及人工智能产业发展基础、发展动力、发展质量三个维度的理论分析，遵循科学性、系统性、可操作性、代表性、导向性原则，通过专家咨询法和 Delphi 法对人工智能产业发展评价指标进行指标筛选。并运用统计分析方法对筛选后的评价指标体系分别进行精度检验、信度检验和效度检验，最终形成了人工智能产业发展评价指标体系，包括了产业发展基础、产业发展动力、产业发展质量 3 个准则层，劳动供给、资金投入和载体建设等 8 个一级指标、21 个二级指标的我国人工智能产业发展评价指标体系最终框架，具体如表 3 - 8 所示。

表 3 – 8　　　　　我国人工智能产业发展评价指标体系最终框架

目标层	准则层	一级指标	二级指标
人工智能产业发展评价	产业发展基础	劳动供给	人工智能产业 R&D 人员数
			人工智能产业从业人员占比
		资金投入	人工智能产业 R&D 总经费
			人工智能产业固定资产投资额
		载体建设	国家高新技术开发区数
			科技企业孵化器数
			人工智能产业科研机构数量
	产业发展动力	创新驱动	新产品开发经费支出
			人工智能产业技术优化升级经费支出
			人工智能产业有效发明专利数
		需求驱动	高技术产品进出口贸易总额
			人工智能产业主营业务收入
			人工智能产业新产品销售收入
		政策支持	政府 R&D 经费
			科技拨款占财政支出比
	产业高质量发展	结构优化	人工智能产业企业密度指数
			人工智能产业集中度
		规模效益	人工智能产业总资产
			人工智能产业利润总额
			人工智能产业市场占有率
			人工智能产业对区域 GDP 贡献度

3.5.2　指标解释和说明

3.5.2.1　产业发展基础

（1）劳动供给。

①人工智能产业 R&D 人员数。人工智能产业 R&D 人员是产业技术创新

的根本，是人工智能新产品、新技术研发的重要技术创新资源。人工智能产业 R&D 人员数用以衡量科技人才的劳动供给，反映了具备人工智能产业相关知识和创新能力的高素质人才的劳动投入。

②人工智能产业从业人员占比。人工智能产业从业人员占比是指人工智能产业从业人员占地区从业人员的比重，反映了人工智能产业基本的劳动供给状况。计算公式为：

$$人工智能产业从业人员占比 = \frac{人工智能产业从业人员}{地区从业人员} \qquad (3-7)$$

（2）资金投入。

①人工智能产业 R&D 总经费。人工智能产业 R&D 总经费是指人工智能产业实际用于基础科学研究、应用科学研究等方面的经费支出，包含人工成本、原材料成本、固定资产成本以及其他费用。一个区域人工智能产业 R&D 总经费的投入反映了该地区对人工智能产业的重视程度。

②人工智能产业固定资产投资额。人工智能产业固定资产投资额是以货币表现的建造和购置人工智能产业固定资产投资活动的工作量，反映了人工智能产业固定资产规模、速度、比例关系和使用方向的综合性指标，是扩大产业生产能力、优化产业供给结构的物质基础。

（3）载体建设。

①国家高新技术开发区数。国家高新技术开发区是随着我国高技术产业发展，国民经济持续强劲增长，为调整经济结构，转变经济增长方式孕育而生的科技工业园区（李荣，2011），是国家创新体系的重要组成部分和发展人工智能产业的重要基地，是人工智能产业技术创新的主要源头。

②科技企业孵化器数。科技企业孵化器是通过提供各种政策、经济、服务手段，帮助和促进高技术企业发展的新型社会经济组织。其是解决人工智能技术与经济结合、培育人工智能产业新增长点的有效手段，是促进人工智能技术商业化、推动人工智能科技成果的产业化和商业化的重要载体。

③人工智能产业科研机构数量。科研机构是科技创新的基础，是培育科研人才和科技成果的摇篮，人工智能产业科研机构数量的增多反映了为人工智能企业提供技术支持的力度，有利于促进人工智能产业内部协同发展。

3.5.2.2 产业发展动力

（1）创新驱动。

①新产品开发经费支出。新产品开发经费支出是指人工智能产业研发经费中用于开发新产品或新产品市场所需要的经费，是促进人工智能科技成果转化落地的直接经费投入，是技术创新有效供给的基本保障，反映了人工智能企业为增强技术供给有效性和企业发展活力的资金投入能力。

②人工智能产业技术优化升级经费支出。技术优化升级经费支出是消化吸收经费支出、技术改造经费支出、技术引进经费支出和购买国内技术经费支出之和，反映了人工智能产业对技术的重视程度。其值越高，说明人工智能产业对新技术改造优化升级强度越高，创新驱动效果越好。

③人工智能产业有效发明专利数。人工智能产业有效发明专利数是指人工智能产业拥有的被国内外知识产权管理机构认证并在有效期内的自主知识产权数量，是衡量人工智能产业创新成果转化能力的重要指标。人工智能产业有效发明专利数越多，表明技术创新发展活动越活跃，产业创新能力越高，创新推动产业发展能力越强。

（2）需求驱动。

①高技术产品进出口贸易总额。进出口贸易总额是实际进出我国国境的高技术产品货物总金额，反映了各地区人工智能产业在对外贸易方面的总需求。

②人工智能产业主营业务收入。人工智能产业主营业务收入是人工智能企业从事本行业生产经营活动所取得的营业收入，是人工智能产业市场需求的重要反映。

③人工智能产业新产品销售收入。人工智能产业新产品销售收入衡量人工智能产业新产品需求状况，是产品市场的需求状况的重要反应。

（3）政策支持。

①政府 R&D 经费。政府 R&D 经费是指通过公共财政对人工智能产业的 R&D 项目直接给予拨款资助的经费。政府 R&D 经费投入能有效促进和刺激人工智能企业增加 R&D 投资，引导人工智能产业技术创新，实现产业创新、高质量发展。

②科技拨款占财政支出比。科技拨款是指政府及其他部门用于各种科技活动的计划资金，包括科学基金、科研基建费、科学事业费等。财政支出也称财政预算支出，是国家为时间国家职能，是将国家财政基金按预算计划向有关部门支付的活动。科技拨款占财政支出比反映了地方政府对创新型产业科技创新的重视程度，其数目可以在不同程度上支持人工智能产业科技人才数量的增加以及企业创新能力的提升。

3.5.2.3 产业高质量发展

（1）结构优化。

①人工智能产业企业密度指数。人工智能产业企业密度指数是指区域人工智能企业个数占区域总面积的比例，反映了人工智能企业布局合理程度。

$$人工智能产业企业密度指数 = \frac{区域人工智能企业个数}{区域总面积} \quad (3-8)$$

②人工智能产业集中度。人工智能产业集中度是指人工智能产业产值占总产值的比值，用以反映人工智能产业的结构状况和集中程度。如果一个地区人工智能产业集中度越高，则其在地区产业竞争中占据有利地位。

$$人工智能产业集中度 = \frac{人工智能产业销售产值}{地区生产总值} \quad (3-9)$$

（2）规模效益。

①人工智能产业总资产。人工智能产业总资产是指人工智能产业拥有或控制的、能够带来经济利益的全部资产，反映人工智能产业目前所能支配的资源。

②人工智能产业利润总额。人工智能产业利润总额用于判断一定时期内人工智能产业的生产经营效益。如果一个产业的利润总额逐年增大，则表明该产业的经营效益良好，利润在不断增多，反之，则产业的经营效益在逐渐变坏。

③人工智能产业市场占有率。人工智能产业市场占有率是某一地区人工智能企业数与人工智能企业总数之比，是反映人工智能产业在目标市场所处地位的首要指标，是人工智能产业竞争地位最直接、最综合、最集中的反映。

$$人工智能产业市场占有率 = \frac{地区人工智能企业个数}{人工智能企业总数} \quad (3-10)$$

④人工智能产业对区域 GDP 贡献度。人工智能产业对区域 GDP 贡献度是指某地区人工智能产业销售产值增加值与该地区 GDP 增加值之比,反映了某地区人工智能产业对该地区 GDP 的贡献程度。

$$人工智能产业对区域 GDP 贡献率 = \frac{产业销售产值增加值}{GDP\ 增加值} \quad (3-11)$$

3.6　本章小结

首先,通过对相关文献的收集梳理并结合人工智能产业相关理论,从产业发展基础、产业发展动力和产业发展质量三方面阐释了我国人工智能产业发展评价指标体系构建的理论依据。其次,阐明了人工智能产业评价指标体系构建需要遵循的基本原则,即科学性原则、系统性原则、代表性原则、导向性原则及可操作性原则,初步构建了人工智能产业发展评价指标体系,形成产业发展基础、产业发展动力和产业高质量发展 3 个准则层,8 个一级指标,43 个二级指标的人工智能产业发展评价指标体系初级框架。再其次,按照可得性、完备性、简明性和灵敏性原则,利用专家咨询法和 Delphi 法对评价指标体系进行科学合理的筛选和优化,并最终确定了 3 个准则层,8 个一级指标层,21 个二级指标的人工智能产业发展评价指标体系。最后,采用信度检验和效度检验对上述构建的指标体系的可靠性与合理性进行检验分析,以保证人工智能产业发展评价指标体系的合理性、可靠性和有效性。

第4章
我国人工智能产业发展综合评价及结果分析

4.1 评价方法

人工智能产业发展水平评价是一项多指标综合评价过程，在计算过程中评价方法和评价模型的选择是影响人工智能产业发展水平评价结果准确与否的重要因素。目前，随着纵深发展的学科信息化技术，评价方法也呈现多样化发展趋势，一般可分为主观和客观两类。主观赋权法包括 Delphi 法、集值迭代法、专家咨询法等，而客观赋权法则主要包含熵值法、主成分分析法、因子分析法等。综合来看，主客观赋权方法各有优缺点。主观赋权法是根据专家的主观认识、专业领域知识以及长期积累的实践经验，对研究对象各属性的重视程度进行主观判断，进而作出权重判定，其优点是在排序各指标重要程度时，能够体现评判者的主观认识，更有利于形成有效合理的指标权重系数，缺点在于不同专家认识不同从而作出的判断也不同，主观随意性较强。客观赋权法是通过一定的数学方法处理原始数据间的内在联系，从而形成具有较强客观性的权重系数，其优点是判断结果不依赖于人的主观判断，有较强的数学理论依据，缺点是在实际应用过程中极易出现权重结果与实际重要程度相差较大的问题。由于上述方法作用机理不同、方法的属性层次相异，在应用过程中多种动态评价方法评价结论存在差异，为此，基于主客观的组合评价方法得到了关注和应用，主要用以解决综合评价过程中多种评价方法评价结论非一致性问题。因此，本书采用主客观组合赋权方法对人工智能产业发展水平进行综合评价。

4.1.1 单一评价方法

4.1.1.1 熵值法

熵值法是根据各评价指标值的差异程度确定权重系数的一种客观评价方法，避免了人为因素对指标权重系数的干扰，能够客观地反映各评价指标的相对重要性。其基本原理是在各指标差异程度的基础上，利用信息熵计算各指标的熵权，修正各指标权重，从而得出较为客观的指标权重。具体计算步骤如下：

首先，计算第 i 个评价指标下第 j 个被评价对象的指标值比重：

$$p_{ij} = \frac{x_{ij}}{\sum\limits_{j=1}^{n} x_{ij}} \qquad (4-1)$$

其次，计算第 i 个指标的熵值：

$$e_i = -\frac{1}{\ln n} \sum_{j=1}^{n} p_{ij} \ln p_{ij} \qquad (4-2)$$

其中，$0 \leqslant e_i \leqslant 1$。

再其次，计算差异性系数：

$$g_i = 1 - e_i \qquad (4-3)$$

最后，计算第 i 项指标的权重：

$$w_i = \frac{g_i}{\sum\limits_{i=1}^{m} g_i} \qquad (4-4)$$

4.1.1.2 CRITIC 法

CRITIC 法是一种以评价指标间的对比强度和冲突性为基础从而确定权重

的客观赋权方法，不仅能够充分包含指标数据的信息量，还能够考虑到指标相关性带来的信息重复问题，较之其他评价方法更为客观。其基本计算思路可分为两部分，一是通过标准差量化指标的对比强度，标准差越大，对比强度越强；二是通过指标间的相关性反映冲突性，相关性越大，冲突性越弱。具体计算步骤如下：

首先，计算对比强度 S_i：

$$S_i = \sqrt{\frac{\sum_{j=1}^{n}(x_{ij} - \bar{x}_i)^2}{n-1}} \tag{4-5}$$

其中，x_{ij} 为标准化后的样本指标值，$\bar{x}_i$ 为第 i 项指标的样本均值，n 为样本个数，m 为指标个数。

其次，计算冲突性 R_i：

$$R_i = \sum_{j=1}^{m}(1 - r_{ij}) \tag{4-6}$$

其中，r_{ij} 为指标 i 与指标 j 之间的相关系数，m 为指标个数。

再其次，计算指标综合信息量 C_i：

$$C_i = S_i R_i \tag{4-7}$$

最后，得出客观权重 w_i：

$$w_i = \frac{C_i}{\sum_{i=1}^{m} C_i} \tag{4-8}$$

4.1.1.3 群组 G1 法

群组 G1 法又称群组序关系分析法，是郭亚军（2007）针对群组 AHP 决策法一致性判断矩阵难以构造这一问题所提出的主观赋权法。与层次分析法（AHP）、网络层次分析法（ANP）相比，群组 G1 法从原理上保证了指标的一致性，无须构造判断矩阵，更无须进行一致性检验，这大大降低方法的计算量，克服了上述方法在指标较多情况下判断矩阵非一致以及计算量大等问题，因此本书采用群组 G1 法。具体计算步骤如下：

首先，根据专家判断确定准则层中指标的序关系。邀请 T 位专家，对指标集 $\{x_1, x_2, \cdots, x_i\}$ 的重要性程度由大到小进行排序，若指标 x_i 的重要

性程度大于指标 x_j，则记 $x_i > x_j$。

其次，根据指标序关系进行量化赋值。根据专家的判断意见及赋值参考表 4-1，对指标 x_{i-1} 与 x_i 的重要性程度之比进行理性赋值 $c_i = x_{i-1}/x_i$。

表 4-1 指标重要性赋值表

c_i 值	说明
1.0	指标 x_{i-1} 和 x_i 同等重要
1.2	指标 x_{i-1} 比 x_i 略微重要
1.4	指标 x_{i-1} 比 x_i 明显重要
1.6	指标 x_{i-1} 比 x_i 强烈重要
1.8	指标 x_{i-1} 比 x_i 极端重要

再其次，根据专家 p 给出的 c_i，确定指标权重 $w_p^{(i)}$：

$$w_p^{(i)} = \left(1 + \sum_{k=2}^{i} \prod_{p=k}^{i} c_i\right)^{-1} \tag{4-9}$$

最后，根据指标权重 $w_p^{(i)}$ 得出第 $i-1$，…，3，2，1 个指标的权重：

$$w_p^{(i-1)} = c_i \times w_p^{(i)} \tag{4-10}$$

群组 G1 法中为减弱专家人为因素的干扰，可同时邀请 $T(T>1)$ 位专家对同一指标体系进行判断，从中整理得到更客观、准确的结果，以下分为两种情形展开讨论。

一是 T 位专家序关系一致的情形。若 T 位专家关于指标集 $\{x_1, x_2, \cdots, x_i\}$ 之间的序关系给出完全一致的结论，则第 i 个指标权重计算公式为：

$$w_i = \frac{1}{T} \sum_{k=1}^{T} w_k^{(i)}, \quad (i=1, 2, \cdots, m) \tag{4-11}$$

二是 T 位专家序关系不一致的情形。假设有 $T_0(1 \leqslant T_0 \leqslant T)$ 位专家给出指标间的序关系是一致的，则对应指标权重系数分别为 $w_1^{(*)}$，$w_2^{(*)}$，…，$w_m^{(*)}$。设 $T-T_0$ 位专家给出指标间的序关系不同，分别为 $x_{k1} > x_{k2} > \cdots > x_{km}$，$k=1, 2, \cdots, T-T_0$。则根据上述公式，将 $T-T_0$ 位专家确定的权重系数取几何平均值，可等价求得指标 x_{ki} 的权重系数为：

$$w_i^{(**)} = \left(\prod_{k=1}^{T-T_0} w_{ki}^{(**)}\right)^{1/(T-T_0)}, \quad (i=1, 2, \cdots, m) \tag{4-12}$$

最后，将 $w_i^{(**)}$ 归一化，并与 $w_i^{(*)}$ 综合，得到最终权重系数为：

$$w_i = k_1 w_i^{(*)} + k_2 w_i^{(**)}, \quad (i = 1, 2, \cdots, m) \tag{4-13}$$

其中，$k_1 > 0$，$k_2 > 0$，且 $k_1 + k_2 = 1$。

4.1.1.4　集值迭代法

集值迭代法依赖于专家自身经验及专业知识判断指标重要性程度，并依据指标被选中的次数确定权重系数（郭兆蕊，2019），是一种主观赋权法。与专家打分法、层次分析法相比，集值迭代法不需要专家对每个指标做细致比较，只需让专家进行多轮选择从指标集中选取部分重要指标，做统计计算即可，计算方法简单。具体计算步骤如下：

邀请 T 位专家，分别令每一位专家在指标集为 $X = \{x_1, x_2, \cdots, x_i\}$ 中任意选取他认为最重要的 $q(1 \leqslant q \leqslant m)$ 个指标，即第 T_0 位专家选取的结果必定是指标集 X 的一个子集 $X_{T_0}^q = \{x_1, x_2, \cdots, x_q\}$，$T_0 = 1, 2, \cdots, T$。

作函数 $\xi_{T_0}(i)$ 如下：

$$\xi_{T_0}(i) = \begin{cases} 1, & \text{当 } x_i \in X_{T_0}^q \\ 0, & \text{当 } x_i \notin X_{T_0}^q \end{cases} \tag{4-14}$$

令

$$\zeta_i = \sum_{T_0=1}^{T} \xi_{T_0}(i), \quad (i = 1, 2, \cdots, m) \tag{4-15}$$

从而确定指标权重系数 w_i 为：

$$w_i = \frac{\zeta_i}{\sum_{i=1}^{m} \zeta_i}, \quad (i = 1, 2, \cdots, m) \tag{4-16}$$

基于上述原理，建立集值迭代法基本算法，具体步骤如下：

确定指标集 $X = \{x_1, x_2, \cdots, x_i\}$，设定初值为 $q(1 \leqslant q \leqslant m)$，并邀请 T 位专家，约定每一位专家依次按下述步骤选取指标。

第 1 步，在指标集 $X = \{x_1, x_2, \cdots, x_i\}$ 中选取认为最重要的 q 个指标，得到第 T_0 位专家第 1 次选择的 q 个指标组成的子集 $X_1^{T_0} = \{x_{1,T_0,1}, x_{1,T_0,2}, \cdots, x_{1,T_0,q}\}$；

第 2 步，在指标集 $X = \{x_1, x_2, \cdots, x_i\}$ 中选取认为最重要的 $2q$ 个指

标，得到第 T_0 位专家第 2 次选择的 $2q$ 个指标组成的子集 $X_2^{T_0} = \{x_{2,T_0,1}$，$x_{2,T_0,2}$，$\cdots$，$x_{2,T_0,2q}\}$；

第 3 步，在指标集 $X = \{x_1$，x_2，$\cdots$，$x_i\}$ 中选取认为最重要的 $3q$ 个指标，得到第 T_0 位专家第 3 次选择的 $3q$ 个指标组成的子集 $X_3^{T_0} = \{x_{3,T_0,1}$，$x_{3,T_0,2}$，$\cdots$，$x_{3,T_0,3q}\}$；

……

第 r 步，在指标集 $X = \{x_1$，x_2，$\cdots$，$x_i\}$ 中选取认为最重要的 rq 个指标，得到第 T_0 位专家第 r 次选择的 rq 个指标组成的子集 $X_r^{T_0} = \{x_{r,T_0,1}$，$x_{r,T_0,2}$，$\cdots$，$x_{r,T_0,rq}\}$；

当 r 满足 $rq + s = m(0 \leqslant s < q)$ 时，算法结束。接下来计算指标 x_i 的选中频率：

$$\zeta_i = \sum_{T_0=1}^{T} \sum_{p=1}^{r} \xi_{pT_0}(i) \qquad (4-17)$$

其中：

$$\xi_{pT_0}(i) = \begin{cases} 1, & \text{当 } x_i \in X_{p,T_0}^q \\ 0, & \text{当 } x_i \notin X_{p,T_0}^q \end{cases}, \quad (p = 1, 2, \cdots, r; \ T_0 = 1, 2, \cdots, T) \qquad (4-18)$$

从而得到指标 x_i 对应的权重系数为：

$$w_i = \frac{\zeta_i}{\sum_{i=1}^{m} \zeta_i}, \quad (i = 1, 2, \cdots, m) \qquad (4-19)$$

如果某一指标一直未选中，则修正权重系数为：

$$w_i = \frac{\zeta_i + \dfrac{1}{2m}}{\sum_{i=1}^{m} \left(\zeta_i + \dfrac{1}{2m}\right)}, \quad (i = 1, 2, \cdots, m) \qquad (4-20)$$

4.1.2　组合评价方法

4.1.2.1　基尼准则法

基尼（Gini）准则最先用于度量分类回归树中的信息不纯度，后被范德成（2019）引入组合评价中，并被国内外学者广泛应用。基尼准则法突出强调了评价值的信息纯度对评价结果的重要性程度，评价值的信息纯度越大，对应评价结果发生的概率越大，从而能够提供更加准确有效的信息。其基本原理是根据不同单一评价方法评价值的信息纯度赋予对应的权重系数。如果该单一评价方法评价值的信息纯度越大，则赋予的权重越大，反之则越小。

本书定义信息纯度与信息不纯度相对应，且两者之和为 1，即 $G + d = 1$。根据基尼准则理论，基尼系数定义如下：

$$G = 1 - \sum_{i=1}^{n} p_{ij}^2 , \ (i = 1, 2, \cdots, n; j = 1, 2, \cdots, m)$$

$$p_{ij} = \frac{y_{ij}}{\sum_{i=1}^{n} y_{ij}} \qquad (4-21)$$

其中，G 是信息不纯度，p_{ij} 是第 j 种单一评价方法中第 i 个评价对象评价值占总评价值的比重。

因此，可以得到信息纯度为：

$$d_j = 1 - G = \sum_{i=1}^{n} p_{ij}^2 , \ (i = 1, 2, \cdots, n; j = 1, 2, \cdots, m)$$

$$(4-22)$$

显然，当单一评价方法的评价值波动越大，即评价值差距较大时，对评价结果做出正确排序的可能性越大，其信息纯度越大，在进行组合评价赋权时应赋予更大的权重；当单一评价方法的评价值波动越小，即评价值相似时，对评价结果做出正确排序的可能性越小，其信息纯度越小，在进行组合评价赋权时应赋予较小的权重。

最后，根据信息纯度 d_j，通过归一化处理，确定单一评价方法的权重系数 w_j 为：

$$w_j = \frac{d_j}{\sum_{j=1}^{m} d_j} , \ (j = 1, 2, \cdots, m) \qquad (4-23)$$

4.1.2.2 模糊 Borda 法

模糊 Borda 法是一种综合利用单一评价方法的评价值及序关系的组合评

价方法。该方法在组合多种单一评价方法的评价结果时，充分考虑了各种单一评价方法的得分差异以及排序位次差异两方面因素，有效地提高了评价结果的准确性。模糊 Borda 法具体计算步骤如下：

（1）计算各评价对象在各单一评价方法下的隶属度。

$$\mu_{ij} = \frac{y_{ij} - \min\{y_{ij}\}}{\max\{y_{ij}\} - \min\{y_{ij}\}} \times 0.9 + 0.1 \quad\quad (4-24)$$

其中，$i=1, 2, \cdots, n$，$j=1, 2, \cdots, m$，y_{ij} 是第 i 个评价对象在第 j 种单一评价方法下的评价值，$\min\{y_{ij}\}$ 是第 i 个评价对象在第 j 种单一评价方法下的最小评价值，$\max\{y_{ij}\}$ 是第 i 个评价对象在第 j 种单一评价方法下的最大评价值，μ_{ij} 是评价对象在第 j 种单一评价方法下靠近"优"的隶属度，μ_{ij} 越接近 1 越好。

（2）计算模糊频数：

$$f_{ih} = \sum_{j=1}^{m} \delta_{ih}\mu_{ij} \quad\quad (4-25)$$

其中，若第 i 个评价对象在第 j 种单一评价方法下排在第 h 位，则 $\delta_{ih}=1$，否则 $\delta_{ih}=0$。

（3）基于模糊频数计算模糊频率：

$$W_{ih} = \frac{f_{ih}}{\sum_{h} f_{ih}} \qu\quad (4-26)$$

其中，W_{ih} 反映了各种单一评价方法得分的差异性。

（4）将评价对象排序位次转化为位次得分：

$$Q_{ih} = \frac{1}{2}(n-h)(n-h+1) \qu\quad (4-27)$$

其中，Q_{ih} 反映了各评价对象在单一评价方法排序过程中，处于 h 位的排名得分。

（5）计算得出各评价对象的模糊 Borda 数：

$$F_i = \sum_{ih} W_{ih} Q_{ih} \qu\quad (4-28)$$

4.1.2.3 偏差平方最小法

偏差平方最小法是国内学者彭勇行（1997）提出的一种最优化组合评价方法。该方法基于矢量差平方和最小化的思想，通过构建最优化模型，求解组合评价方法与各单一评价方法构成的向量的矢量差平方和最小值，在此过程中，充分挖掘各单一评价方法中的评价值信息，有效避免了主观性，使评价结论更准确。偏差平方最小法具体计算步骤如下：

设第 j 种单一评价方法计算所得的评价对象归一化评价值向量为：

$$H_j = (h_1^{(j)}, h_2^{(j)}, \cdots, h_n^{(j)})^T$$

$$\sum_{i=1}^{n} h_i^{(j)} = 1 \qquad (4-29)$$

设组合评价值向量为：

$$H_0 = (h_1^{(0)}, h_2^{(0)}, \cdots, h_n^{(0)})^T \qquad (4-30)$$

则组合评价值向量与第 j 种单一评价方法计算所得的评价对象归一化评价值向量的偏差为：

$$H_0 - H_j = (h_1^{(0)} - h_1^{(j)}, h_2^{(0)} - h_2^{(j)}, \cdots, h_n^{(0)} - h_n^{(j)})^T \qquad (4-31)$$

在矢量差平方和最小化的思想下，构造最优化模型：

$$\min \sum_{j=1}^{n} \|H_0 - H_j\|^2 = \sum_{i=1}^{m} \sum_{j=1}^{n} (h_i^{(0)} - h_i^{(j)})^2$$

$$\sum_{i=1}^{n} h_i^{(j)} = 1 \qquad (4-32)$$

求上述最优化模型，得最优解：

$$h_i^{(0)} = \frac{1}{n} + \frac{1}{nm}(n \sum_{j=1}^{m} h_i^{(j)} - \sum_{i=1}^{n} \sum_{j=1}^{m} h_i^{(j)}) \qquad (4-33)$$

4.1.3 组合评价方法合理性检验

4.1.3.1 事前检验

为满足组合评价的必要条件，需对各单一评价方法的评价结果进行事前一致性检验。如果检验结果通过，表明各单一评价方法评价结果之间的关联性较大，评价结果具有一致性，证明可以进行组合评价；如果检验结果不通过，表明各单一评价方法评价结果之间的差异性较大，评价结果不具有一致性，则无法进行组合评价。国内学者曾宪报最早提出对组合评价进行事前事后检验，并将 Kendall 一致性系数法引入组合评价的事前检验，后被广泛应用。Kendall 一致性系数法通过检验单一评价方法的相关程度，可以有效判断评价对象在各单一评价方法中的排序是否一致，从而保证组合评价的合理性。因此，本书借鉴曾宪报（1997）的研究，运用 Kendall 一致性系数法对单一评价方法的评价结果进行事前一致性检验。Kendall 一致性系数法具体计算步骤如下：

（1）提出假设。设 m 种单一评价方法的评价结果不具有一致性。

（2）构造统计量。

当 $n \leqslant 7$ 时，Kendall 一致性系数检验统计量为：

$$S = \sum_{i=1}^{n} R_i^2 - \frac{1}{n} \left(\sum_{i=1}^{n} R_i \right)^2 \qquad (4-34)$$

当 $n > 7$ 时，Kendall 一致性系数检验统计量为：

$$\chi^2 = m(n-1) \left[\frac{12 \sum_{i=1}^{n} R_i^2}{m^2 n(n^2-1)} - \frac{3(n+1)}{n-1} \right] \qquad (4-35)$$

其中，n 是评价对象的个数，m 是单一评价方法的个数，$R_i = \sum_{j=1}^{m} y_{ij}$，$y_{ij}$ 是第 j 种单一评价方法下第 i 个评价对象的排序值。

（3）进行假设检验。当 $n \leqslant 7$ 时，在给定的显著性水平下，根据"Kendall 一致性系数临界值表"可知 Kendall 一致性系数的临界值 S_α，若 $S > S_\alpha$，拒绝原假设，认为 m 种单一评价方法的评价结果具有一致性，通过事前检验，可进行组合评价。当 $n > 7$ 时，χ^2 的分布近似服从 $\chi_\alpha^2(n-1)$，在给定的显著性水平下，查临界值 $\chi_\alpha^2(n-1)$，若 $\chi^2 > \chi_\alpha^2(n-1)$，拒绝原假设，认为 m 种单一评价方法的评价结果在给定的显著性水平上具有一致性，通过事前检验，可进行组合评价。

4.1.3.2 事后检验

事后检验是对各单一评价方法组合评价后的评价结果是否具有一致性进行检验，更重要的是对组合评价方法的组合效果进行检验。目前，Spearman 等级相关系数法是运用最为广泛的事后检验方法，该方法主要检验了组合评价方法与各单一评价方法的排序结果是否密切相关，进一步解释了组合评价方法的合理性。Spearman 等级相关系数法具体计算步骤如下：

（1）提出假设。设第 k 种组合评价方法与 m 种单一评价方法无关。

（2）构造统计量。当 $m < 10$ 时，Spearman 等级相关系数检验统计量为：

$$\rho_k = \frac{\sum_{j=1}^{m} \rho_{jk}}{m}, \ (k = 1, \ 2, \ \cdots, \ l) \tag{4-36}$$

其中，ρ_{jk} 是第 k 种组合评价方法与第 j 种单一评价方法间的 Spearman 等级相关系数，ρ_{jk} 越高，表明第 k 种组合评价方法与第 j 种单一评价方法评价结果的相关性越高。

当 $m \geqslant 10$ 时，Spearman 等级相关系数检验统计量为：

$$t_k = \rho_k \sqrt{\frac{n-2}{1-\rho_k^2}}, \ (k = 1, \ 2, \ \cdots, \ l) \tag{4-37}$$

（3）进行假设检验。在给定的显著性水平下，根据 t 分布表可得 Spearman 等级相关系数的临界值，若 Spearman 等级相关系数检验统计量大于临界值，拒绝原假设，认为第 k 种组合评价方法与 m 种单一评价方法密切相关，组合评价方法的组合效果较好；反之，则不具有一致性。

4.1.3.3　相对有效性检验

在确保组合评价方法与各单一评价方法的评价结果具有一致性的基础上，为解决多种组合评价方法评价结果不一致的问题，本书参考郭亚军等（2009）的研究，对各组合评价方法的相对有效性进行比较，从而确定最优组合评价方法。相对有效性具体计算步骤如下：

（1）假设第 s 种单一评价方法的评价结果最优，记为 $y^{(s)}$，若在剩余的 $m-1$ 个单一评价方法中各存在 v_{js} 个评价对象的评价结果排序与 $y^{(s)}$ 相同，则 $m-1$ 个单一评价方法与第 s 种单一评价方法的平均排序相似度为：

$$Mean_s = \frac{\sum_{j=1, j \neq s}^{m} v_{js}}{m-1} \tag{4-38}$$

（2）假设有 l 种组合评价方法，记第 k 种组合评价方法存在 v^k 个评价对象的评价结果排序与 $y^{(s)}$ 相同，可以计算出第 k 种组合评价方法的相对有效系数：

$$\varepsilon_{ks} = \frac{v^k - Mean_s}{n} \tag{4-39}$$

（3）为了确定各单一评价方法评价结果成为正确排序的可能性，基于大数定律的原理，采用 Spearman 等级相关系数计算第 s 种单一评价方法与剩余的 $m-1$ 个单一评价方法的相关性程度，从而确定各单一评价方法成为正确排序的概率：

$$s_{sq} = 1 - \frac{6 \sum_{i=1}^{n} p_i^2}{n(n^2-1)} \tag{4-40}$$

$$\bar{s}_s = \frac{1}{m-1} \sum_{i=1, q \neq s}^{n} s_{sq} \tag{4-41}$$

$$p_s = \frac{\bar{s}_s}{\sum_{s-1}^{m} \bar{s}_s} \tag{4-42}$$

其中，s_{sq} 为第 s 种单一评价方法与第 q 种单一评价方法的等级相关系数，p_i 为第 j 种单一评价方法与第 q 种单一评价方法中评价对象排序值之差。$\bar{s}_s$ 为第 s 种单一评价方法与剩余的 $m-1$ 个单一评价方法的平均等级相关系数，间接反映了第 s 种单一评价方法成为最优排序的概率。p_s 是 $\bar{s}_s$ 经归一化处理后的结果，直接反映了第 s 种单一评价方法成为最优排序的概率。

（4）根据第 k 种组合评价方法的相对有效系数 ε_{ks} 和第 s 种单一评价方法成为最优排序的概率 p_s，可计算出第 k 种组合评价方法的相对有效性：

$$\tau^k = \sum_{s=1}^{m} p_s \varepsilon_{ks} \tag{4-43}$$

4.1.4　动态组合评价方法

基于上述组合评价方法，可以得到 2009～2018 年中国省域人工智能产业发展水平及各维度发展水平。为全面反映 2009～2018 年中国人工智能产业发展进程，需对每一年份的人工智能产业发展水平进行合成，计算出综合评价结果，其核心在于如何对时间权重进行科学合理的构建。对此，本书采用三重差异驱动法对时间加权。该方法基于"厚今薄古"的时间加权思想，从差异驱动的角度出发，充分考虑评价对象在不同时间呈现的不同"表现"，突出评价对象在不同时间的差异，有效避免了线性相加各时刻评价值后可能出现的排序相同的状况。三重差异驱动法具体计算步骤如下：

$$w_t = e^{\lambda t_k} \tag{4-44}$$

$$Y_i = \sum_{k=1}^{N} w_t y_i(t_k) \tag{4-45}$$

其中，w_t 为时间加权函数，λ 为时间贴现因子，为避免主观选取的随意性，令 $\lambda = (2N)^{-1}$，N 是评价周期，$t_k = 1, 2, 3, \cdots, 10$，$t = 2009, 2010, \cdots, 2018$，$y_i(t_k)$ 是 t_k 时间下第 i 个评价对象的评价值。

4.2 评价对象、数据来源及预处理

4.2.1 评价对象

改革开放以来，我国经济快速发展，基础设施建设、社会保障体系建设不断提高，人民生活不断改善，但在实际发展过程中，由于我国地域辽阔，资源结构分布不均衡现象突出，我国区域发展不平衡问题严重。为解决发展不平衡问题，我国深入推进区域协调发展战略，逐步形成了以"四大板块"总体战略为基础，多个"重点区域战略"为支撑的区域发展战略体系。其中，统筹推进"西部大开发、东北振兴、中部崛起、东部优化"四大板块总体战略是中国区域经济空间布局的基础，有助于实现生产要素在更广空间、更大范围有序流动，构建东中西、南北方协调联动发展格局（王佳宁、罗重谱，2017）。因此，本书从"四大板块"视角出发，全面考察我国人工智能产业发展进程。其中，东部地区包括天津市、上海市、北京市、河北省、福建省、江苏省、广东省、海南省、浙江省、山东省；中部地区包括安徽省、湖北省、山西省、湖南省、河南省、江西省；西部地区包括广西壮族自治区、青海省、陕西省、重庆市、宁夏回族自治区、甘肃省、四川省、内蒙古自治区、贵州省、新疆维吾尔自治区、云南省；东北地区包括吉林省、辽宁省、

黑龙江省。以下简称天津、上海、北京、河北、福建、江苏、广东、海南、浙江、山东、安徽、湖北、山西、湖南、河南、江西、广西、青海、陕西、重庆、宁夏、甘肃、四川、内蒙古、贵州、新疆、云南、吉林、辽宁、黑龙江。同时考虑到数据的可获取性，本书不涉及西藏自治区及台湾、香港、澳门地区。

4.2.2 数据来源及缺失值处理

根据国家统计局 2018 年公布的《战略性新兴产业分类（2018）》，人工智能产业细分为"人工智能软件开发""智能消费相关设备制造""人工智能系统服务"三个子产业，具体分类见表 2－1。由于目前尚未公开发布人工智能产业统计年鉴，因此，本书根据《战略性新兴产业分类（2018）》对于人工智能产业的分类细则及相关国民经济行业代码对人工智能产业进行数据整合。

首先，根据《高技术产业（服务业）分类（2018）》及《国民经济行业分类（2017）》（GB/T 4754—2017），"人工智能软件开发"中的"基础软件开发""应用软件开发""人工智能系统服务"中的"信息系统集成服务"三个子产业的行业代码与软件与信息技术服务业下设行业代码一致。其次，根据《高技术产业（制造业）分类（2017）》及《国民经济行业分类（2017）》（GB/T 4754—2017），"智能消费相关设备制造"子产业的行业代码与"电子及通信设备制造业"中的"智能消费设备制造"的行业代码一致。最后，为加快培育具有引领带动作用的人工智能产业，《规划》强调加快夯实以关键设备、高端芯片、基础材料、元器件为核心的人工智能产业硬件基础设施，同时为进一步落实《规划》，推动人工智能与实体经济深度融合，工业与信息化部出台《促进人工智能产业发展三年行动计划》，并进一步指出要逐步形成智能化网络基础设施体系，提升支撑服务能力。基于此，应将关键设备、高端芯片、基础材料、元器件及智能化网络基础设施纳入人工智能产业发展评价的考虑范畴，以便全面考察人工智能产业发展进程。其中，硬件基础设施主要包含"电子工业专用设备制造""电子器件制造""电子元件及电子专用材料制造""其他电子设备制造"，智能化网络基础设施主要包括"光纤、光缆及锂离子电池制造""广播电视设备制造""通信设备、雷达及配套设备制造""非专业视听设备制造"。根据《高技术产业（制造业）分类（2017）》，电子及通信设备制造业包含了"智能消费设备制造"及上述八个子产业。基于上述分析，人工智能产业相关数据由"软件与信息技术服务业"和"电子及通信设备制造业"加总所得。

综上所述，本书人工智能产业相关数据主要源于《中国高技术产业统计年鉴》《中国电子信息产业年鉴》《中国信息产业年鉴》。其余数据通过国家统计局、《中国统计年鉴》《中国科技统计年鉴》及我国 30 个省份（限于资料的获取，本书不涉及西藏自治区及台湾、香港、澳门地区）统计年鉴获取。此外，对于部分省域或部分年份存在数据缺失问题，本书采用插值法进行补齐处理。

4.2.3 数据预处理

根据我国人工智能产业发展评价指标体系构建的可操作性原则，由于选取的反映人工智能产业发展水平的各项具体指标数据的量纲和量级存在差异，直接进行计算会使评价结果产生偏差，不能得到科学严谨的评价结果。因此，进行我国人工智能产业发展水平评价的前提条件是必须对各评价指标的原始数据值进行无量纲化处理，然后再进行综合评价，其目的是消除指标量级和量纲差异带来的影响。

根据各指标数据特点，本书选取极值法对指标数据进行无量纲化处理，极值法通过变量取值的最大值和最小值，将原始数据转化为某一特定区间的数据，在保留原始数据的原始信息和维持原始数据的序列关系的基础上，消除了原始数据量纲和量级的影响。极值法具体计算公式如下：

$$x_{ij}^* = \frac{x_{ij} - \min_i \{x_{ij}\}}{\max_i \{x_{ij}\} - \min_i \{x_{ij}\}} \tag{4-46}$$

其中，x_{ij} 是第 i 个评价对象第 j 个评价指标的原始数据，$\min_i \{x_{ij}\}$ 是所有评价对象中第 j 个评价指标的最小值，$\max_i \{x_{ij}\}$ 是所有评价对象中第 j 个评价指标的最大值。

4.3 我国人工智能产业发展综合评价

4.3.1 单一评价

依次选取熵值法、CRITIC法、集值迭代法以及群组 G1 法对 2009～2018 年中国人工智能产业发展水平进行评价，根据前文介绍的方法步骤，可以分别计算得出每种单一评价方法下 30 个省份（限于资料的获取，本书不涉及西藏自治区及台湾、香港、澳门地区）的人工智能产业评价值，结果见表 4-2 至表 4-5。

表 4-2　　　　熵值法下我国人工智能产业发展水平评价结果

省份	2009 年	2010 年	2011 年	2012 年	2013 年	2014 年	2015 年	2016 年	2017 年	2018 年
北京	0.1970	0.2144	0.2206	0.2168	0.2277	0.2518	0.2452	0.2583	0.2678	0.2896
天津	0.1274	0.1345	0.1339	0.1505	0.1561	0.1533	0.1464	0.1276	0.1185	0.1461
河北	0.0296	0.0313	0.0378	0.0450	0.0480	0.0509	0.0515	0.0600	0.0593	0.0634
山西	0.0228	0.0237	0.0260	0.0355	0.0443	0.0456	0.0425	0.0449	0.0507	0.0554
内蒙古	0.0153	0.0139	0.0137	0.0137	0.0174	0.0195	0.0185	0.0188	0.0254	0.0261
辽宁	0.0801	0.0944	0.1099	0.1420	0.1462	0.1455	0.1266	0.1066	0.1163	0.1293
吉林	0.0344	0.0324	0.0365	0.0397	0.0468	0.0452	0.0461	0.0456	0.0488	0.0496
黑龙江	0.0241	0.0265	0.0290	0.0295	0.0295	0.0311	0.0301	0.0334	0.0356	0.0335
上海	0.2698	0.2912	0.2798	0.2946	0.2886	0.2892	0.2976	0.2657	0.2727	0.2804
江苏	0.3074	0.3425	0.3910	0.4613	0.4218	0.4358	0.5224	0.4992	0.5300	0.5615
浙江	0.1233	0.1315	0.1428	0.1531	0.1728	0.1807	0.1998	0.2240	0.2509	0.2777
安徽	0.0386	0.0547	0.0686	0.0807	0.0905	0.1059	0.1164	0.1621	0.1706	0.1895
福建	0.0960	0.1086	0.1155	0.1226	0.1322	0.1409	0.1574	0.1914	0.2133	0.2329
江西	0.0327	0.0382	0.0466	0.0583	0.0678	0.0783	0.0939	0.1087	0.1309	0.1548

续表

省份	2009 年	2010 年	2011 年	2012 年	2013 年	2014 年	2015 年	2016 年	2017 年	2018 年
山东	0.1080	0.1146	0.1357	0.1508	0.1643	0.1788	0.2085	0.2156	0.2226	0.2329
河南	0.0305	0.0338	0.0557	0.0937	0.1076	0.1055	0.1219	0.1263	0.1353	0.1405
湖北	0.0532	0.0565	0.0707	0.0940	0.1211	0.1459	0.1554	0.2149	0.2107	0.2503
湖南	0.0419	0.0466	0.0596	0.0723	0.0825	0.0853	0.0923	0.1002	0.1155	0.1346
广东	0.4307	0.4732	0.5111	0.5410	0.5543	0.5586	0.6491	0.7247	0.7969	0.8884
广西	0.0263	0.0302	0.0367	0.0453	0.0508	0.0555	0.0588	0.0593	0.0695	0.0743
海南	0.0167	0.0191	0.0183	0.0217	0.0227	0.0187	0.0180	0.0217	0.0196	0.0222
重庆	0.0480	0.0346	0.0500	0.0691	0.0841	0.1023	0.1141	0.1566	0.1578	0.1916
四川	0.0596	0.0714	0.0897	0.1070	0.1208	0.1271	0.1404	0.1173	0.1747	0.2219
贵州	0.0175	0.0194	0.0182	0.0201	0.0194	0.0253	0.0337	0.0394	0.0546	0.0635
云南	0.0176	0.0143	0.0143	0.0178	0.0196	0.0186	0.0196	0.0450	0.0250	0.0471
陕西	0.0462	0.0509	0.0524	0.0614	0.0685	0.0786	0.0960	0.0990	0.1154	0.1301
甘肃	0.0135	0.0141	0.0169	0.0178	0.0188	0.0186	0.0211	0.0207	0.0231	0.0233
青海	0.0082	0.0032	0.0046	0.0077	0.0090	0.0106	0.0111	0.0118	0.0139	0.0153
宁夏	0.0094	0.0101	0.0149	0.0147	0.0186	0.0186	0.0228	0.0230	0.0306	0.0396
新疆	0.0168	0.0166	0.0200	0.0194	0.0240	0.0232	0.0220	0.0226	0.0207	0.0206

表 4 – 3　　　CRITIC 法下我国人工智能产业发展水平评价结果

省份	2009 年	2010 年	2011 年	2012 年	2013 年	2014 年	2015 年	2016 年	2017 年	2018 年
北京	0.2077	0.2264	0.2298	0.2257	0.2353	0.2575	0.2502	0.2613	0.2709	0.2916
天津	0.1335	0.1410	0.1404	0.1562	0.1609	0.1590	0.1543	0.1368	0.1288	0.1531
河北	0.0458	0.0467	0.0549	0.0636	0.0665	0.0692	0.0694	0.0780	0.0793	0.0849
山西	0.0380	0.0386	0.0408	0.0490	0.0589	0.0611	0.0741	0.0582	0.0640	0.0688
内蒙古	0.0314	0.0303	0.0302	0.0299	0.0348	0.0370	0.0353	0.0361	0.0441	0.0445
辽宁	0.0931	0.1043	0.1196	0.1481	0.1538	0.1531	0.1220	0.1198	0.1280	0.1422
吉林	0.0498	0.0475	0.0521	0.0569	0.0656	0.0640	0.0651	0.0642	0.0689	0.0694
黑龙江	0.0407	0.0433	0.0469	0.0474	0.0473	0.0488	0.0478	0.0508	0.0556	0.0539

省份	2009 年	2010 年	2011 年	2012 年	2013 年	2014 年	2015 年	2016 年	2017 年	2018 年
上海	0.2833	0.3020	0.2894	0.3125	0.3131	0.3167	0.3249	0.2778	0.2872	0.2945
江苏	0.2830	0.3121	0.3604	0.4267	0.3991	0.4124	0.4943	0.4764	0.5132	0.5444
浙江	0.1305	0.1387	0.1497	0.1619	0.1807	0.1874	0.2076	0.2281	0.2550	0.2817
安徽	0.0538	0.0697	0.0849	0.0972	0.1065	0.1203	0.1294	0.1757	0.1864	0.2071
福建	0.1014	0.1121	0.1194	0.1272	0.1377	0.1457	0.1632	0.1963	0.2186	0.2378
江西	0.0462	0.0508	0.0605	0.0724	0.0822	0.0917	0.1099	0.1233	0.1449	0.1692
山东	0.1176	0.1231	0.1463	0.1615	0.1731	0.1845	0.2157	0.2220	0.2338	0.2455
河南	0.0470	0.0502	0.0722	0.1082	0.1207	0.1166	0.1333	0.1369	0.1484	0.1538
湖北	0.0656	0.0680	0.0825	0.1051	0.1311	0.1549	0.1656	0.2236	0.2226	0.2657
湖南	0.0568	0.0618	0.0739	0.0868	0.0959	0.0985	0.1061	0.1137	0.1292	0.1478
广东	0.3813	0.4158	0.4499	0.4776	0.4939	0.4925	0.5806	0.6542	0.7373	0.8332
广西	0.0427	0.0457	0.0528	0.0612	0.0663	0.0704	0.0732	0.0727	0.0859	0.0875
海南	0.0336	0.0357	0.0349	0.0381	0.0391	0.0352	0.0342	0.0377	0.0352	0.0375
重庆	0.0590	0.0483	0.0601	0.0757	0.0884	0.1032	0.1131	0.1508	0.1542	0.1865
四川	0.0704	0.0787	0.0960	0.1123	0.1239	0.1286	0.1455	0.1277	0.1774	0.2163
贵州	0.0337	0.0350	0.0340	0.0361	0.0357	0.0411	0.0487	0.0538	0.0694	0.0774
云南	0.0335	0.0309	0.0309	0.0352	0.0371	0.0361	0.0372	0.0571	0.0419	0.0609
陕西	0.0610	0.0650	0.0671	0.0781	0.0848	0.0941	0.1115	0.1133	0.1286	0.1403
甘肃	0.0296	0.0300	0.0337	0.0347	0.0357	0.0356	0.0377	0.0374	0.0410	0.0408
青海	0.0243	0.0188	0.0210	0.0243	0.0257	0.0272	0.0276	0.0282	0.0303	0.0316
宁夏	0.0253	0.0261	0.0318	0.0316	0.0366	0.0367	0.0413	0.0413	0.0494	0.0586
新疆	0.0335	0.0333	0.0376	0.0374	0.0430	0.0422	0.0409	0.0413	0.0396	0.0393

表 4 - 4 　　集值迭代法下我国人工智能产业发展水平评价结果

省份	2009 年	2010 年	2011 年	2012 年	2013 年	2014 年	2015 年	2016 年	2017 年	2018 年
北京	0.1412	0.1556	0.1812	0.1836	0.1986	0.2335	0.2272	0.2529	0.2682	0.3002
天津	0.0746	0.0813	0.0797	0.0945	0.0977	0.0980	0.0933	0.0874	0.0823	0.0987
河北	0.0190	0.0206	0.0228	0.0253	0.0273	0.0301	0.0321	0.0372	0.0377	0.0422

续表

省份	2009 年	2010 年	2011 年	2012 年	2013 年	2014 年	2015 年	2016 年	2017 年	2018 年
山西	0.0144	0.0160	0.0169	0.0222	0.0235	0.0258	0.0289	0.0264	0.0295	0.0328
内蒙古	0.0095	0.0092	0.0091	0.0095	0.0101	0.0110	0.0110	0.0120	0.0150	0.0169
辽宁	0.0544	0.0683	0.0841	0.1233	0.1218	0.1224	0.1024	0.0864	0.1042	0.1150
吉林	0.0235	0.0229	0.0254	0.0257	0.0272	0.0268	0.0273	0.0280	0.0301	0.0318
黑龙江	0.0167	0.0177	0.0179	0.0183	0.0188	0.0205	0.0201	0.0237	0.0257	0.0243
上海	0.1760	0.1991	0.1977	0.2250	0.2288	0.2424	0.2662	0.2211	0.2310	0.2456
江苏	0.2279	0.2556	0.3011	0.3828	0.3407	0.3627	0.4708	0.4261	0.4551	0.4880
浙江	0.0918	0.0937	0.1095	0.1170	0.1350	0.1472	0.1626	0.1926	0.2167	0.2449
安徽	0.0245	0.0323	0.0384	0.0454	0.0515	0.0623	0.0710	0.0964	0.1028	0.1158
福建	0.0578	0.0666	0.0757	0.0827	0.0884	0.1011	0.1138	0.1469	0.1673	0.1907
江西	0.0213	0.0241	0.0270	0.0327	0.0372	0.0436	0.0491	0.0585	0.0722	0.0862
山东	0.0731	0.0794	0.0948	0.1083	0.1246	0.1439	0.1647	0.1731	0.1821	0.1860
河南	0.0219	0.0223	0.0337	0.0546	0.0650	0.0674	0.0770	0.0813	0.0877	0.0939
湖北	0.0367	0.0396	0.0503	0.0699	0.0906	0.1109	0.1166	0.1519	0.1527	0.1730
湖南	0.0296	0.0305	0.0393	0.0466	0.0536	0.0557	0.0605	0.0656	0.0736	0.0843
广东	0.3460	0.3808	0.4484	0.4856	0.4958	0.5273	0.6158	0.7052	0.7940	0.8900
广西	0.0152	0.0175	0.0199	0.0241	0.0256	0.0274	0.0297	0.0299	0.0361	0.0386
海南	0.0094	0.0106	0.0105	0.0124	0.0125	0.0114	0.0128	0.0152	0.0158	0.0181
重庆	0.0359	0.0246	0.0311	0.0418	0.0485	0.0617	0.0729	0.1093	0.1039	0.1285
四川	0.0432	0.0535	0.0662	0.0758	0.0853	0.0933	0.0984	0.0723	0.1388	0.1911
贵州	0.0111	0.0136	0.0129	0.0137	0.0129	0.0166	0.0201	0.0220	0.0301	0.0361
云南	0.0126	0.0103	0.0102	0.0113	0.0121	0.0116	0.0121	0.0417	0.0166	0.0377
陕西	0.0323	0.0361	0.0373	0.0419	0.0488	0.0582	0.0710	0.0718	0.0878	0.1037
甘肃	0.0099	0.0108	0.0108	0.0114	0.0114	0.0115	0.0122	0.0127	0.0150	0.0157
青海	0.0065	0.0052	0.0052	0.0062	0.0068	0.0075	0.0080	0.0087	0.0100	0.0111
宁夏	0.0073	0.0078	0.0092	0.0093	0.0100	0.0100	0.0112	0.0117	0.0155	0.0195
新疆	0.0101	0.0100	0.0110	0.0103	0.0114	0.0114	0.0112	0.0117	0.0112	0.0118

表4－5　　群组 G1 法下我国人工智能产业发展水平评价结果

省份	2009 年	2010 年	2011 年	2012 年	2013 年	2014 年	2015 年	2016 年	2017 年	2018 年
北京	0.1422	0.1568	0.1811	0.1846	0.2000	0.2334	0.2275	0.2531	0.2706	0.3035
天津	0.0765	0.0835	0.0815	0.0965	0.0993	0.1000	0.0959	0.0894	0.0851	0.1008
河北	0.0228	0.0244	0.0274	0.0303	0.0322	0.0349	0.0368	0.0415	0.0429	0.0477
山西	0.0182	0.0198	0.0207	0.0258	0.0272	0.0297	0.0369	0.0303	0.0334	0.0368
内蒙古	0.0134	0.0131	0.0131	0.0134	0.0145	0.0152	0.0151	0.0162	0.0198	0.0217
辽宁	0.0570	0.0699	0.0855	0.1234	0.1225	0.1232	0.1009	0.0897	0.1079	0.1185
吉林	0.0268	0.0262	0.0291	0.0300	0.0320	0.0317	0.0322	0.0327	0.0354	0.0371
黑龙江	0.0207	0.0217	0.0223	0.0227	0.0231	0.0247	0.0244	0.0278	0.0306	0.0294
上海	0.1781	0.2005	0.1995	0.2281	0.2331	0.2475	0.2714	0.2239	0.2355	0.2504
江苏	0.2221	0.2495	0.2945	0.3765	0.3350	0.3576	0.4616	0.4202	0.4548	0.4892
浙江	0.0917	0.0942	0.1112	0.1187	0.1367	0.1493	0.1654	0.1948	0.2190	0.2475
安徽	0.0278	0.0353	0.0421	0.0492	0.0549	0.0654	0.0736	0.0977	0.1050	0.1179
福建	0.0594	0.0678	0.0772	0.0845	0.0905	0.1030	0.1158	0.1480	0.1684	0.1918
江西	0.0244	0.0270	0.0307	0.0366	0.0409	0.0471	0.0538	0.0626	0.0761	0.0903
山东	0.0749	0.0810	0.0976	0.1113	0.1277	0.1459	0.1681	0.1751	0.1869	0.1911
河南	0.0261	0.0261	0.0380	0.0577	0.0673	0.0700	0.0801	0.0845	0.0919	0.0982
湖北	0.0395	0.0423	0.0529	0.0719	0.0920	0.1117	0.1186	0.1506	0.1551	0.1753
湖南	0.0329	0.0341	0.0431	0.0506	0.0570	0.0592	0.0643	0.0693	0.0777	0.0885
广东	0.3342	0.3682	0.4347	0.4720	0.4834	0.5142	0.6029	0.6912	0.7837	0.8801
广西	0.0193	0.0215	0.0242	0.0284	0.0297	0.0314	0.0338	0.0338	0.0408	0.0425
海南	0.0135	0.0146	0.0146	0.0164	0.0164	0.0153	0.0167	0.0192	0.0197	0.0220
重庆	0.0392	0.0280	0.0337	0.0438	0.0500	0.0624	0.0731	0.1085	0.1034	0.1282
四川	0.0450	0.0554	0.0680	0.0778	0.0865	0.0944	0.1010	0.0754	0.1425	0.1947
贵州	0.0150	0.0173	0.0166	0.0174	0.0167	0.0203	0.0237	0.0255	0.0339	0.0396
云南	0.0166	0.0143	0.0142	0.0156	0.0165	0.0160	0.0165	0.0451	0.0208	0.0415
陕西	0.0359	0.0396	0.0413	0.0468	0.0531	0.0622	0.0751	0.0763	0.0920	0.1068
甘肃	0.0138	0.0146	0.0152	0.0157	0.0157	0.0159	0.0164	0.0170	0.0197	0.0204
青海	0.0102	0.0088	0.0092	0.0103	0.0109	0.0115	0.0120	0.0126	0.0140	0.0151
宁夏	0.0110	0.0115	0.0133	0.0133	0.0145	0.0145	0.0158	0.0162	0.0202	0.0242
新疆	0.0141	0.0140	0.0154	0.0148	0.0164	0.0163	0.0161	0.0166	0.0162	0.0167

表 4 - 2 至表 4 - 5 报告了四种单一评价方法的评价结果，为保证下一步三种组合评价结果的合理性，本书通过 Kendall 协和系数法对不同单一评价方法的评价结果的相关程度进行事前检验，结果见表 4 - 6。根据式（4 - 35），计算得到 2009 ~ 2018 年 Kendall 一致性检验统计量 $\chi^2(30-1)$。在给定显著性水平 $\alpha = 0.05$ 下，查表可知，临界值 $\chi^2_{0.05/2}(30-1) = 49.588$。显然，$\chi^2(30-1) > \chi^2_{0.05/2}(30-1)$，在给定的显著性水平 $\alpha = 0.05$ 的条件下拒绝原假设 H_0，接受假设 H_1，即这四种方法在 $\alpha = 0.05$ 的显著性水平下具有一致性，满足进行组合评价的条件。

表 4 - 6　　　　　　　单一评价方法的 Kendall 一致性检验

项目	2009 年	2010 年	2011 年	2012 年	2013 年	2014 年	2015 年	2016 年	2017 年	2018 年
$\chi^2(n-1)$	115.658	115.497	115.606	115.355	115.103	115.103	114.839	114.897	114.535	114.49
$\chi^2_{\alpha/2}(n-1)$	49.588	49.588	49.588	49.588	49.588	49.588	49.588	49.588	49.588	49.588
α	0.05	0.05	0.05	0.05	0.05	0.05	0.05	0.05	0.05	0.05

4.3.2　组合评价

在此基础上，分别运用基尼准则法、模糊 Borda 法、偏差平方最小法对上述四种单一评价方法进行组合，组合评价结果见表 4 - 7 至表 4 - 9。

表 4 - 7　　　　基尼准则法下我国人工智能产业发展水平评价结果

省份	2009 年	2010 年	2011 年	2012 年	2013 年	2014 年	2015 年	2016 年	2017 年	2018 年
北京	0.1677	0.1837	0.2000	0.2000	0.2131	0.2425	0.2361	0.2559	0.2693	0.2969
天津	0.0992	0.1062	0.1049	0.1203	0.1243	0.1236	0.1185	0.1072	0.1008	0.1211
河北	0.0278	0.0293	0.0339	0.0388	0.0412	0.0440	0.0453	0.0518	0.0524	0.0571
山西	0.0220	0.0233	0.0248	0.0316	0.0364	0.0384	0.0432	0.0381	0.0423	0.0463
内蒙古	0.0162	0.0155	0.0154	0.0155	0.0179	0.0193	0.0187	0.0195	0.0245	0.0258
辽宁	0.0688	0.0820	0.0975	0.1326	0.1341	0.1341	0.1116	0.0986	0.1128	0.1247
吉林	0.0321	0.0309	0.0343	0.0363	0.0407	0.0398	0.0405	0.0405	0.0436	0.0448

续表

省份	2009 年	2010 年	2011 年	2012 年	2013 年	2014 年	2015 年	2016 年	2017 年	2018 年
黑龙江	0.0243	0.0259	0.0274	0.0279	0.0281	0.0297	0.0291	0.0324	0.0352	0.0337
上海	0.2198	0.2414	0.2356	0.2595	0.2606	0.2694	0.2865	0.2435	0.2531	0.2647
江苏	0.2559	0.2855	0.3322	0.4082	0.3698	0.3884	0.4851	0.4516	0.4841	0.5168
浙江	0.1068	0.1116	0.1257	0.1348	0.1534	0.1636	0.1810	0.2076	0.2330	0.2606
安徽	0.0345	0.0458	0.0557	0.0649	0.0724	0.0848	0.0939	0.1278	0.1358	0.1517
福建	0.0758	0.0858	0.0941	0.1014	0.1090	0.1198	0.1343	0.1674	0.1885	0.2102
江西	0.0297	0.0335	0.0392	0.0476	0.0542	0.0622	0.0729	0.0842	0.1014	0.1198
山东	0.0906	0.0967	0.1153	0.1296	0.1443	0.1606	0.1860	0.1933	0.2031	0.2101
河南	0.0300	0.0315	0.0476	0.0752	0.0866	0.0868	0.0995	0.1037	0.1120	0.1178
湖北	0.0470	0.0499	0.0621	0.0830	0.1061	0.1280	0.1359	0.1805	0.1808	0.2101
湖南	0.0387	0.0414	0.0519	0.0617	0.0696	0.0720	0.0780	0.0842	0.0956	0.1098
广东	0.3697	0.4061	0.4598	0.4934	0.5059	0.5243	0.6133	0.6960	0.7808	0.8758
广西	0.0243	0.0271	0.0315	0.0376	0.0407	0.0436	0.0462	0.0463	0.0550	0.0577
海南	0.0170	0.0186	0.0182	0.0207	0.0212	0.0189	0.0193	0.0222	0.0216	0.0239
重庆	0.0442	0.0325	0.0420	0.0554	0.0652	0.0796	0.0906	0.1284	0.1264	0.1547
四川	0.0529	0.0632	0.0781	0.0909	0.1016	0.1085	0.1183	0.0946	0.1559	0.2043
贵州	0.0181	0.0202	0.0193	0.0206	0.0199	0.0244	0.0299	0.0333	0.0446	0.0516
云南	0.0190	0.0164	0.0163	0.0187	0.0200	0.0193	0.0200	0.0464	0.0247	0.0455
陕西	0.0422	0.0462	0.0478	0.0550	0.0617	0.0711	0.0859	0.0876	0.1035	0.1180
甘肃	0.0157	0.0164	0.0179	0.0186	0.0191	0.0191	0.0204	0.0206	0.0233	0.0237
青海	0.0114	0.0084	0.0093	0.0112	0.0122	0.0132	0.0136	0.0143	0.0160	0.0172
宁夏	0.0123	0.0129	0.0161	0.0161	0.0185	0.0185	0.0211	0.0214	0.0270	0.0332
新疆	0.0174	0.0172	0.0195	0.0190	0.0220	0.0216	0.0209	0.0214	0.0204	0.0206

表 4-8　　模糊 Borda 法下我国人工智能产业发展水平评价结果

省份	2009 年	2010 年	2011 年	2012 年	2013 年	2014 年	2015 年	2016 年	2017 年	2018 年
北京	351.00	351.00	351.00	351.00	351.00	351.00	351.00	365.43	365.59	371.60
天津	314.09	313.98	265.93	265.74	265.76	246.36	212.62	180.26	124.10	140.42
河北	66.00	66.00	72.47	69.50	74.87	71.40	65.55	72.57	71.46	68.75

续表

省份	2009 年	2010 年	2011 年	2012 年	2013 年	2014 年	2015 年	2016 年	2017 年	2018 年
山西	36.00	36.00	36.00	45.00	45.00	47.65	65.20	38.48	38.40	36.55
内蒙古	5.27	3.78	1.00	1.98	1.47	9.37	2.05	2.18	11.76	8.11
辽宁	231.00	241.45	258.65	289.60	264.48	253.56	196.23	149.90	158.85	140.40
吉林	105.00	84.26	66.00	62.90	59.94	54.95	47.58	50.43	47.25	36.79
黑龙江	49.82	49.77	45.00	36.00	36.00	36.00	31.79	24.35	28.00	17.87
上海	386.35	378.00	378.00	378.00	378.00	378.00	378.00	364.62	364.52	358.12
江苏	398.65	406.00	406.00	406.00	406.00	406.00	406.00	406.00	406.00	406.00
浙江	311.95	311.74	325.00	312.96	325.00	325.00	300.00	325.00	325.00	325.00
安徽	120.00	168.32	168.76	145.63	145.65	163.16	147.31	222.01	203.76	191.98
福建	253.00	243.10	236.84	231.00	221.33	219.94	258.84	253.00	269.81	269.91
江西	81.38	112.95	94.91	91.00	91.00	91.00	99.11	117.04	126.87	143.32
山东	276.00	276.00	300.00	288.74	300.00	300.00	325.00	293.59	300.00	259.26
河南	87.75	88.68	128.75	176.62	171.00	161.13	176.49	168.32	155.23	133.60
湖北	190.00	184.95	184.88	184.88	220.04	253.00	270.28	282.82	259.50	268.69
湖南	136.00	136.00	161.38	143.80	139.63	113.13	97.40	105.00	113.97	107.12
广东	435.00	435.00	435.00	435.00	435.00	435.00	435.00	435.00	435.00	435.00
广西	50.34	50.36	61.03	64.33	64.48	70.45	66.89	61.25	72.86	72.86
海南	10.36	20.08	15.80	24.72	19.60	5.69	10.78	10.37	5.72	6.00
重庆	166.38	108.60	101.25	109.07	117.73	136.00	136.24	219.91	185.64	204.50
四川	210.00	210.00	210.00	210.00	190.00	190.00	214.99	141.83	225.51	266.42
贵州	22.85	26.18	21.35	22.81	16.83	26.13	32.29	24.82	50.57	53.51
云南	24.64	10.00	4.47	8.99	16.44	10.44	9.10	59.96	15.26	41.40
陕西	157.86	161.60	127.65	116.21	112.09	112.17	131.73	108.61	124.68	124.86
甘肃	6.45	12.68	12.41	11.34	6.00	8.29	11.16	6.33	4.57	4.56
青海	0.00	0.00	0.00	0.00	0.00	0.00	0.00	0.00	0.00	0.00
宁夏	1.00	1.00	4.56	2.04	4.47	4.00	13.49	9.07	17.22	18.38
新疆	13.67	10.70	24.73	12.48	19.89	20.55	10.21	7.49	2.07	1.56

表4-9　　　偏差平方最小法下我国人工智能产业发展水平评价结果

省份	2009 年	2010 年	2011 年	2012 年	2013 年	2014 年	2015 年	2016 年	2017 年	2018 年
北京	0.0826	0.0833	0.0810	0.0708	0.0718	0.0765	0.0674	0.0686	0.0660	0.0650
天津	0.0486	0.0480	0.0423	0.0425	0.0418	0.0390	0.0339	0.0288	0.0248	0.0267
河北	0.0136	0.0133	0.0137	0.0138	0.0139	0.0139	0.0130	0.0140	0.0130	0.0127
山西	0.0108	0.0106	0.0100	0.0112	0.0122	0.0122	0.0125	0.0103	0.0105	0.0103
内蒙古	0.0080	0.0070	0.0063	0.0055	0.0061	0.0061	0.0054	0.0053	0.0061	0.0058
辽宁	0.0338	0.0372	0.0394	0.0469	0.0452	0.0423	0.0319	0.0265	0.0277	0.0274
吉林	0.0158	0.0140	0.0139	0.0129	0.0137	0.0126	0.0117	0.0110	0.0108	0.0100
黑龙江	0.0119	0.0117	0.0111	0.0099	0.0095	0.0094	0.0084	0.0088	0.0087	0.0075
上海	0.1080	0.1093	0.0951	0.0918	0.0878	0.0850	0.0819	0.0654	0.0622	0.0581
江苏	0.1262	0.1296	0.1342	0.1443	0.1244	0.1223	0.1384	0.1211	0.1187	0.1133
浙江	0.0526	0.0506	0.0508	0.0477	0.0516	0.0516	0.0517	0.0557	0.0572	0.0572
安徽	0.0169	0.0207	0.0224	0.0230	0.0243	0.0268	0.0269	0.0344	0.0335	0.0335
福建	0.0372	0.0388	0.0379	0.0358	0.0366	0.0378	0.0384	0.0450	0.0463	0.0462
江西	0.0146	0.0151	0.0158	0.0168	0.0182	0.0196	0.0209	0.0227	0.0250	0.0265
山东	0.0445	0.0438	0.0466	0.0458	0.0486	0.0507	0.0532	0.0519	0.0499	0.0462
河南	0.0148	0.0143	0.0192	0.0266	0.0291	0.0274	0.0285	0.0279	0.0276	0.0260
湖北	0.0231	0.0226	0.0251	0.0294	0.0357	0.0404	0.0389	0.0485	0.0445	0.0463
湖南	0.0191	0.0188	0.0210	0.0218	0.0234	0.0228	0.0224	0.0227	0.0236	0.0243
广东	0.1827	0.1846	0.1861	0.1745	0.1704	0.1650	0.1748	0.1863	0.1911	0.1915
广西	0.0119	0.0123	0.0127	0.0133	0.0137	0.0138	0.0133	0.0125	0.0136	0.0128
海南	0.0083	0.0084	0.0074	0.0074	0.0072	0.0060	0.0056	0.0060	0.0054	0.0053
重庆	0.0218	0.0148	0.0169	0.0196	0.0219	0.0251	0.0259	0.0345	0.0311	0.0340
四川	0.0261	0.0287	0.0316	0.0321	0.0342	0.0342	0.0338	0.0255	0.0383	0.0448
贵州	0.0089	0.0092	0.0078	0.0073	0.0068	0.0078	0.0086	0.0090	0.0111	0.0115
云南	0.0094	0.0075	0.0066	0.0067	0.0068	0.0061	0.0058	0.0125	0.0061	0.0100
陕西	0.0208	0.0210	0.0193	0.0195	0.0208	0.0225	0.0246	0.0236	0.0255	0.0260
甘肃	0.0077	0.0075	0.0073	0.0066	0.0065	0.0061	0.0059	0.0056	0.0058	0.0053
青海	0.0056	0.0039	0.0038	0.0040	0.0041	0.0042	0.0040	0.0039	0.0040	0.0039
宁夏	0.0061	0.0059	0.0066	0.0057	0.0063	0.0059	0.0061	0.0058	0.0067	0.0074
新疆	0.0085	0.0078	0.0079	0.0068	0.0074	0.0069	0.0061	0.0058	0.0051	0.0046

表 4 – 7 至表 4 – 9 描述了三种组合评价方法的组合评价结果，为保证组合评价结果与四种单一评价结果具有一致性，本书通过 Spearman 等级相关系数方法分别对三种组合评价方法与单一评价方法的评价结果的密切程度进行事后检验，计算结果见表 4 – 10 所示。在给定显著性水平 $\alpha = 0.05$ 下，拒绝原假设 H_0，接受假设 H_1，即认为组合评价结果与单一评价方法结果在 $\alpha = 0.05$ 的显著性水平下具有一致性。

表 4 – 10   组合评价方法的 Spearman 一致性检验表

项目	2009 年	2010 年	2011 年	2012 年	2013 年	2014 年	2015 年	2016 年	2017 年	2018 年
偏差平方最小法	81.260	64.609	73.832	61.587	58.143	51.001	42.155	46.358	40.986	36.502
模糊 Borda 法	83.494	66.888	77.281	65.719	58.143	51.001	42.463	46.766	40.708	37.758
基尼准则法	81.260	63.553	73.832	61.587	58.143	51.001	42.155	45.192	40.986	36.502

在此基础上，进一步用相对有效性系数对三种组合评价方法进行事后检验，以确定三种组合评价方法的相对有效性，进而选择相对最有效的组合评价方法，计算结果见表 4 – 11。根据计算结果可知，基尼准则法相对偏差平方最小法和模糊 Borda 法更有效，因此本书选取基尼准则法作为最佳组合方法，对四种单一评价方法进行组合，得到 2009～2018 年中国人工智能产业发展水平评价结果及产业发展基础水平、产业发展动力水平、产业发展质量水平三个维度的评价结果，计算结果见表 4 – 12 至表 4 – 15。

表 4 – 11   组合评价方法的相对有效性系数

项目	相对有效性系数										最有效次数	最终有效性
	2009 年	2010 年	2011 年	2012 年	2013 年	2014 年	2015 年	2016 年	2017 年	2018 年		
偏差平方最小法	0.1195	0.0611	0.0778	0.0694	0.1083	0.0806	0.1611	0.0584	0.0222	0.0694	6	0.0828
模糊 Borda 法	0.0861	0.0361	0.0611	0.0861	0.0666	0.0805	0.0861	0.0417	0.0306	0.0361	2	0.0611
基尼准则法	0.1195	0.1028	0.0778	0.0694	0.1083	0.0806	0.1611	0.1000	0.0222	0.0194	6	0.0861

表 4 - 12　　　　　　　　　　我国人工智能产业发展水平

省份/地区	2009 年	2010 年	2011 年	2012 年	2013 年	2014 年	2015 年	2016 年	2017 年	2018 年	时间加权	排名
北京	0.1677	0.1837	0.2000	0.2000	0.2131	0.2425	0.2361	0.2559	0.2693	0.2969	3.0855	4
天津	0.0992	0.1062	0.1049	0.1203	0.1243	0.1236	0.1185	0.1072	0.1008	0.1211	1.5028	9
河北	0.0278	0.0293	0.0339	0.0388	0.0412	0.0440	0.0453	0.0518	0.0524	0.0571	0.5784	18
山西	0.0220	0.0233	0.0248	0.0316	0.0364	0.0384	0.0432	0.0381	0.0423	0.0463	0.4756	21
内蒙古	0.0162	0.0155	0.0154	0.0155	0.0179	0.0193	0.0187	0.0195	0.0245	0.0258	0.2565	29
辽宁	0.0688	0.0820	0.0975	0.1326	0.1341	0.1341	0.1116	0.0986	0.1128	0.1247	1.4791	11
吉林	0.0321	0.0309	0.0343	0.0363	0.0407	0.0398	0.0405	0.0405	0.0436	0.0448	0.5182	20
黑龙江	0.0243	0.0259	0.0274	0.0279	0.0281	0.0297	0.0291	0.0324	0.0352	0.0337	0.3966	22
上海	0.2198	0.2414	0.2356	0.2595	0.2606	0.2694	0.2865	0.2435	0.2531	0.2647	3.3901	3
江苏	0.2559	0.2855	0.3322	0.4082	0.3698	0.3884	0.4851	0.4516	0.4841	0.5168	5.4416	2
浙江	0.1068	0.1116	0.1257	0.1348	0.1534	0.1636	0.1810	0.2076	0.2330	0.2606	2.3255	5
安徽	0.0345	0.0458	0.0557	0.0649	0.0724	0.0848	0.0939	0.1278	0.1358	0.1517	1.2254	12
福建	0.0758	0.0858	0.0941	0.1014	0.1090	0.1198	0.1343	0.1674	0.1885	0.2102	1.7919	7
江西	0.0297	0.0335	0.0392	0.0476	0.0542	0.0622	0.0729	0.0842	0.1014	0.1198	0.9110	17
山东	0.0906	0.0967	0.1153	0.1296	0.1443	0.1606	0.1860	0.1933	0.2031	0.2101	2.1138	6
河南	0.0300	0.0315	0.0476	0.0752	0.0866	0.0868	0.0995	0.1037	0.1120	0.1178	1.1077	14
湖北	0.0470	0.0499	0.0621	0.0830	0.1061	0.1280	0.1359	0.1805	0.1808	0.2101	1.6793	8
湖南	0.0387	0.0414	0.0519	0.0617	0.0696	0.0720	0.0780	0.0842	0.0956	0.1098	0.9760	16
广东	0.3697	0.4061	0.4598	0.4934	0.5059	0.5243	0.6133	0.6960	0.7808	0.8758	7.9086	1
广西	0.0243	0.0271	0.0315	0.0376	0.0407	0.0436	0.0462	0.0463	0.0550	0.0577	0.5651	19
海南	0.0170	0.0186	0.0182	0.0207	0.0212	0.0189	0.0193	0.0222	0.0216	0.0239	0.2714	26
重庆	0.0442	0.0325	0.0420	0.0554	0.0652	0.0796	0.0906	0.1284	0.1264	0.1547	1.1634	13
四川	0.0529	0.0632	0.0781	0.0909	0.1016	0.1085	0.1183	0.0946	0.1559	0.2043	1.4945	10
贵州	0.0181	0.0202	0.0193	0.0206	0.0199	0.0244	0.0299	0.0333	0.0446	0.0516	0.3947	23
云南	0.0190	0.0164	0.0163	0.0187	0.0200	0.0193	0.0200	0.0464	0.0247	0.0455	0.3429	24
陕西	0.0422	0.0462	0.0478	0.0550	0.0617	0.0711	0.0859	0.0876	0.1035	0.1180	1.0027	15
甘肃	0.0157	0.0164	0.0179	0.0186	0.0191	0.0191	0.0204	0.0206	0.0233	0.0237	0.2639	28
青海	0.0114	0.0084	0.0093	0.0112	0.0122	0.0132	0.0136	0.0143	0.0160	0.0172	0.1732	30
宁夏	0.0123	0.0129	0.0161	0.0161	0.0185	0.0185	0.0211	0.0214	0.0270	0.0332	0.2733	25

续表

省份/地区	2009 年	2010 年	2011 年	2012 年	2013 年	2014 年	2015 年	2016 年	2017 年	2018 年	时间加权	排名
新疆	0.0174	0.0172	0.0195	0.0190	0.0220	0.0216	0.0209	0.0214	0.0204	0.0206	0.2680	27
东部	0.1430	0.1565	0.1720	0.1907	0.1943	0.2055	0.2305	0.2397	0.2587	0.2837	2.8410	1
中部	0.0337	0.0376	0.0469	0.0607	0.0709	0.0787	0.0872	0.1031	0.1113	0.1259	1.0625	2
西部	0.0249	0.0251	0.0285	0.0326	0.0362	0.0398	0.0442	0.0485	0.0565	0.0684	0.5635	4
东北	0.0417	0.0463	0.0531	0.0656	0.0676	0.0679	0.0604	0.0572	0.0639	0.0677	0.7980	3
全国	0.0677	0.0735	0.0824	0.0942	0.0990	0.1056	0.1165	0.1240	0.1356	0.1516	1.4459	—

表 4 – 13　　　　　　　　我国人工智能产业发展基础水平

省份/地区	2009 年	2010 年	2011 年	2012 年	2013 年	2014 年	2015 年	2016 年	2017 年	2018 年	时间加权	排名
北京	0.0314	0.0419	0.0589	0.0586	0.0652	0.0888	0.0735	0.0792	0.0883	0.1047	0.9566	3
天津	0.0231	0.0279	0.0256	0.0309	0.0303	0.0320	0.0331	0.0291	0.0295	0.0340	0.3975	17
河北	0.0098	0.0104	0.0154	0.0189	0.0201	0.0217	0.0236	0.0241	0.0284	0.0315	0.2840	18
山西	0.0068	0.0080	0.0082	0.0098	0.0095	0.0107	0.0123	0.0134	0.0151	0.0164	0.1522	22
内蒙古	0.0030	0.0031	0.0031	0.0039	0.0059	0.0075	0.0067	0.0079	0.0122	0.0140	0.0961	25
辽宁	0.0280	0.0359	0.0414	0.0684	0.0646	0.0666	0.0618	0.0535	0.0691	0.0744	0.7720	6
吉林	0.0094	0.0096	0.0130	0.0160	0.0179	0.0178	0.0181	0.0180	0.0210	0.0225	0.2248	19
黑龙江	0.0081	0.0083	0.0102	0.0105	0.0107	0.0115	0.0112	0.0124	0.0165	0.0167	0.1594	21
上海	0.0415	0.0456	0.0494	0.0563	0.0545	0.0566	0.0651	0.0576	0.0617	0.0658	0.7503	7
江苏	0.0927	0.1007	0.1319	0.1715	0.1416	0.1550	0.2346	0.1898	0.2120	0.2246	2.2814	2
浙江	0.0307	0.0295	0.0408	0.0486	0.0552	0.0608	0.0703	0.0837	0.0972	0.1149	0.8910	5
安徽	0.0105	0.0139	0.0206	0.0266	0.0287	0.0308	0.0344	0.0428	0.0575	0.0679	0.4759	13
福建	0.0206	0.0247	0.0316	0.0374	0.0404	0.0480	0.0582	0.0708	0.0858	0.1024	0.7397	8
江西	0.0112	0.0130	0.0176	0.0238	0.0256	0.0285	0.0359	0.0406	0.0485	0.0602	0.4338	15
山东	0.0313	0.0317	0.0458	0.0544	0.0608	0.0687	0.0811	0.0855	0.1005	0.1024	0.9273	4
河南	0.0105	0.0114	0.0228	0.0402	0.0427	0.0378	0.0438	0.0453	0.0500	0.0531	0.5004	12
湖北	0.0160	0.0171	0.0226	0.0346	0.0429	0.0559	0.0633	0.0782	0.0765	0.1033	0.7315	9
湖南	0.0142	0.0163	0.0217	0.0291	0.0314	0.0344	0.0385	0.0378	0.0448	0.0514	0.4462	14
广东	0.1220	0.1296	0.1677	0.1859	0.1613	0.1798	0.2094	0.2369	0.2888	0.3272	2.7862	1

省份/地区	2009 年	2010 年	2011 年	2012 年	2013 年	2014 年	2015 年	2016 年	2017 年	2018 年	时间加权	排名
广西	0.0084	0.0097	0.0122	0.0134	0.0132	0.0140	0.0167	0.0164	0.0192	0.0205	0.1978	20
海南	0.0031	0.0036	0.0039	0.0046	0.0047	0.0046	0.0056	0.0072	0.0083	0.0095	0.0771	28
重庆	0.0248	0.0120	0.0123	0.0163	0.0165	0.0229	0.0285	0.0502	0.0473	0.0657	0.4234	16
四川	0.0177	0.0222	0.0269	0.0336	0.0356	0.0401	0.0513	0.0350	0.0636	0.0813	0.5739	10
贵州	0.0035	0.0053	0.0049	0.0054	0.0046	0.0064	0.0067	0.0085	0.0143	0.0176	0.1099	24
云南	0.0064	0.0039	0.0039	0.0064	0.0063	0.0064	0.0065	0.0220	0.0093	0.0216	0.1323	23
陕西	0.0188	0.0202	0.0229	0.0296	0.0334	0.0377	0.0437	0.0468	0.0548	0.0606	0.5163	11
甘肃	0.0042	0.0043	0.0065	0.0067	0.0064	0.0065	0.0067	0.0070	0.0097	0.0104	0.0943	26
青海	0.0001	0.0001	0.0021	0.0024	0.0028	0.0030	0.0036	0.0041	0.0053	0.0064	0.0434	30
宁夏	0.0006	0.0008	0.0032	0.0033	0.0055	0.0054	0.0056	0.0061	0.0083	0.0103	0.0707	29
新疆	0.0032	0.0032	0.0055	0.0053	0.0076	0.0078	0.0078	0.0081	0.0083	0.0088	0.0908	27
东部	0.0406	0.0446	0.0571	0.0667	0.0634	0.0716	0.0855	0.0864	0.1000	0.1117	1.0091	1
中部	0.0115	0.0133	0.0189	0.0274	0.0301	0.0330	0.0380	0.0430	0.0487	0.0587	0.4567	2
西部	0.0082	0.0077	0.0094	0.0115	0.0125	0.0143	0.0167	0.0193	0.0229	0.0288	0.2135	4
东北	0.0152	0.0179	0.0215	0.0316	0.0310	0.0320	0.0304	0.0280	0.0355	0.0379	0.3854	3
全国	0.0204	0.0221	0.0284	0.0351	0.0349	0.0389	0.0453	0.0473	0.0551	0.0633	0.5445	—

表 4 - 14　　　　　　　　我国人工智能产业发展动力水平

省份/地区	2009 年	2010 年	2011 年	2012 年	2013 年	2014 年	2015 年	2016 年	2017 年	2018 年	时间加权	排名
北京	0.0470	0.0562	0.0584	0.0601	0.0645	0.0699	0.0811	0.0865	0.0836	0.0901	0.9537	4
天津	0.0245	0.0270	0.0314	0.0335	0.0374	0.0378	0.0373	0.0380	0.0376	0.0409	0.4680	6
河北	0.0057	0.0056	0.0051	0.0067	0.0076	0.0080	0.0067	0.0130	0.0099	0.0120	0.1108	19
山西	0.0052	0.0049	0.0056	0.0064	0.0122	0.0110	0.0063	0.0066	0.0091	0.0103	0.1058	21
内蒙古	0.0038	0.0038	0.0039	0.0030	0.0034	0.0033	0.0040	0.0029	0.0032	0.0023	0.0439	29
辽宁	0.0156	0.0153	0.0191	0.0189	0.0212	0.0213	0.0179	0.0161	0.0141	0.0188	0.2371	13
吉林	0.0063	0.0052	0.0050	0.0051	0.0078	0.0072	0.0073	0.0074	0.0076	0.0074	0.0897	24
黑龙江	0.0048	0.0064	0.0060	0.0063	0.0063	0.0072	0.0070	0.0088	0.0077	0.0066	0.0907	23
上海	0.0662	0.0720	0.0708	0.0731	0.0777	0.0761	0.0795	0.0850	0.0892	0.0956	1.0601	3
江苏	0.0528	0.0656	0.0776	0.1015	0.0995	0.1001	0.1144	0.1223	0.1213	0.1375	1.3667	2

省份/地区	2009 年	2010 年	2011 年	2012 年	2013 年	2014 年	2015 年	2016 年	2017 年	2018 年	时间加权	排名
浙江	0.0298	0.0319	0.0349	0.0387	0.0442	0.0471	0.0515	0.0585	0.0611	0.0698	0.6459	5
安徽	0.0099	0.0157	0.0173	0.0184	0.0212	0.0261	0.0288	0.0519	0.0446	0.0510	0.4051	9
福建	0.0170	0.0190	0.0204	0.0220	0.0242	0.0253	0.0263	0.0408	0.0422	0.0450	0.3932	10
江西	0.0039	0.0048	0.0047	0.0054	0.0089	0.0113	0.0133	0.0155	0.0205	0.0247	0.1629	17
山东	0.0194	0.0228	0.0245	0.0278	0.0316	0.0331	0.0390	0.0398	0.0374	0.0419	0.4356	8
河南	0.0064	0.0071	0.0093	0.0132	0.0188	0.0213	0.0244	0.0259	0.0285	0.0308	0.2630	12
湖北	0.0100	0.0095	0.0148	0.0196	0.0251	0.0326	0.0314	0.0555	0.0558	0.0584	0.4497	7
湖南	0.0083	0.0071	0.0086	0.0091	0.0127	0.0124	0.0144	0.0185	0.0190	0.0234	0.1870	16
广东	0.0938	0.1096	0.1249	0.1439	0.1772	0.1691	0.2120	0.2568	0.2780	0.3284	2.6578	1
广西	0.0051	0.0050	0.0057	0.0084	0.0101	0.0110	0.0092	0.0082	0.0107	0.0121	0.1174	18
海南	0.0058	0.0061	0.0060	0.0064	0.0067	0.0058	0.0047	0.0057	0.0037	0.0042	0.0721	25
重庆	0.0059	0.0054	0.0060	0.0082	0.0117	0.0128	0.0150	0.0219	0.0199	0.0266	0.1907	15
四川	0.0096	0.0117	0.0184	0.0187	0.0221	0.0225	0.0219	0.0270	0.0367	0.0484	0.3347	11
贵州	0.0049	0.0045	0.0043	0.0051	0.0054	0.0069	0.0091	0.0096	0.0122	0.0138	0.1069	20
云南	0.0040	0.0039	0.0040	0.0038	0.0052	0.0045	0.0050	0.0063	0.0050	0.0065	0.0654	27
陕西	0.0071	0.0080	0.0065	0.0076	0.0099	0.0129	0.0172	0.0169	0.0224	0.0281	0.1943	14
甘肃	0.0030	0.0032	0.0026	0.0032	0.0036	0.0035	0.0045	0.0038	0.0033	0.0028	0.0448	28
青海	0.0039	0.0010	0.0000	0.0015	0.0019	0.0026	0.0023	0.0025	0.0029	0.0029	0.0296	30
宁夏	0.0041	0.0045	0.0048	0.0048	0.0051	0.0052	0.0075	0.0074	0.0104	0.0141	0.0956	22
新疆	0.0054	0.0053	0.0052	0.0055	0.0061	0.0056	0.0050	0.0050	0.0038	0.0035	0.0659	26
东部	0.0362	0.0416	0.0454	0.0514	0.0570	0.0572	0.0653	0.0746	0.0764	0.0865	0.8164	1
中部	0.0073	0.0082	0.0100	0.0120	0.0165	0.0191	0.0198	0.0290	0.0296	0.0331	0.2622	2
西部	0.0052	0.0051	0.0056	0.0063	0.0077	0.0082	0.0092	0.0101	0.0119	0.0147	0.1172	4
东北	0.0089	0.0090	0.0101	0.0101	0.0118	0.0119	0.0108	0.0108	0.0098	0.0109	0.1392	3
全国	0.0163	0.0183	0.0202	0.0229	0.0263	0.0271	0.0301	0.0355	0.0367	0.0419	0.3815	—

表 4 – 15 我国人工智能产业发展质量水平

省份/地区	2009 年	2010 年	2011 年	2012 年	2013 年	2014 年	2015 年	2016 年	2017 年	2018 年	时间加权	排名
北京	0.0885	0.0843	0.0814	0.0799	0.0818	0.0820	0.0797	0.0885	0.0953	0.0998	1.1530	4
天津	0.0521	0.0516	0.0481	0.0562	0.0570	0.0539	0.0479	0.0396	0.0327	0.0459	0.6362	8

省份/地区	2009 年	2010 年	2011 年	2012 年	2013 年	2014 年	2015 年	2016 年	2017 年	2018 年	时间加权	排名
河北	0.0119	0.0129	0.0130	0.0129	0.0131	0.0138	0.0147	0.0143	0.0138	0.0133	0.1786	21
山西	0.0096	0.0100	0.0106	0.0151	0.0142	0.0164	0.0242	0.0181	0.0180	0.0196	0.2139	19
内蒙古	0.0090	0.0081	0.0080	0.0083	0.0082	0.0081	0.0076	0.0083	0.0087	0.0092	0.1113	27
辽宁	0.0247	0.0304	0.0366	0.0449	0.0478	0.0457	0.0318	0.0287	0.0293	0.0309	0.4648	12
吉林	0.0160	0.0158	0.0158	0.0148	0.0145	0.0143	0.0145	0.0147	0.0145	0.0145	0.1977	20
黑龙江	0.0109	0.0106	0.0107	0.0106	0.0106	0.0105	0.0104	0.0108	0.0105	0.0100	0.1400	23
上海	0.1116	0.1237	0.1152	0.1291	0.1271	0.1352	0.1405	0.0996	0.1006	0.1014	1.5643	3
江苏	0.1122	0.1210	0.1242	0.1366	0.1302	0.1346	0.1374	0.1408	0.1518	0.1551	1.8107	2
浙江	0.0456	0.0495	0.0493	0.0467	0.0531	0.0549	0.0585	0.0648	0.0741	0.0752	0.7791	5
安徽	0.0136	0.0155	0.0171	0.0193	0.0220	0.0275	0.0304	0.0321	0.0331	0.0319	0.3357	15
福建	0.0387	0.0428	0.0428	0.0425	0.0449	0.0468	0.0502	0.0562	0.0608	0.0629	0.6648	7
江西	0.0144	0.0156	0.0169	0.0185	0.0197	0.0224	0.0237	0.0282	0.0326	0.0350	0.3146	16
山东	0.0399	0.0422	0.0451	0.0474	0.0519	0.0590	0.0662	0.0683	0.0656	0.0661	0.7529	6
河南	0.0127	0.0126	0.0151	0.0216	0.0252	0.0278	0.0317	0.0329	0.0336	0.0341	0.3441	13
湖北	0.0209	0.0232	0.0246	0.0286	0.0379	0.0390	0.0407	0.0460	0.0477	0.0475	0.4920	11
湖南	0.0157	0.0176	0.0215	0.0234	0.0257	0.0253	0.0252	0.0283	0.0321	0.0353	0.3433	14
广东	0.1565	0.1694	0.1700	0.1664	0.1700	0.1786	0.1948	0.2051	0.2174	0.2234	2.5033	1
广西	0.0104	0.0121	0.0133	0.0155	0.0172	0.0184	0.0205	0.0220	0.0255	0.0256	0.2498	18
海南	0.0075	0.0084	0.0078	0.0091	0.0093	0.0078	0.0085	0.0087	0.0090	0.0097	0.1151	26
重庆	0.0130	0.0149	0.0239	0.0317	0.0379	0.0452	0.0484	0.0578	0.0607	0.0639	0.5617	10
四川	0.0259	0.0295	0.0333	0.0391	0.0447	0.0468	0.0459	0.0331	0.0558	0.0745	0.5917	9
贵州	0.0092	0.0099	0.0097	0.0097	0.0095	0.0107	0.0137	0.0148	0.0177	0.0199	0.1725	22
云南	0.0081	0.0081	0.0080	0.0081	0.0080	0.0080	0.0080	0.0178	0.0101	0.0170	0.1393	24
陕西	0.0160	0.0176	0.0181	0.0174	0.0180	0.0203	0.0247	0.0237	0.0259	0.0290	0.2878	17
甘肃	0.0081	0.0084	0.0084	0.0084	0.0087	0.0087	0.0088	0.0094	0.0100	0.0103	0.1201	25
青海	0.0069	0.0069	0.0068	0.0069	0.0071	0.0071	0.0073	0.0073	0.0074	0.0074	0.0950	30
宁夏	0.0071	0.0072	0.0076	0.0074	0.0073	0.0073	0.0073	0.0072	0.0075	0.0077	0.0982	29
新疆	0.0082	0.0082	0.0083	0.0076	0.0077	0.0076	0.0076	0.0078	0.0078	0.0079	0.1044	28
东部	0.0664	0.0706	0.0697	0.0727	0.0738	0.0767	0.0798	0.0786	0.0821	0.0853	1.0158	1

省份/地区	2009 年	2010 年	2011 年	2012 年	2013 年	2014 年	2015 年	2016 年	2017 年	2018 年	时间加权	排名
中部	0.0145	0.0157	0.0176	0.0211	0.0241	0.0264	0.0293	0.0309	0.0328	0.0339	0.3406	2
西部	0.0111	0.0119	0.0132	0.0146	0.0158	0.0171	0.0181	0.0190	0.0216	0.0248	0.2302	4
东北	0.0172	0.0189	0.0210	0.0234	0.0243	0.0235	0.0189	0.0180	0.0181	0.0185	0.2675	3
全国	0.0308	0.0329	0.0337	0.0361	0.0377	0.0395	0.0410	0.0412	0.0437	0.0461	0.5179	—

4.3.3 动态评价

表 4-12 至表 4-15 分别报告了 2009~2018 年各年份人工智能产业发展水平及各维度发展水平，通过引入时序加权算子，得到时序权重向量，进而计算出 2009~2018 年各年份人工智能产业综合发展水平及各维度综合发展水平。

4.4 综合评价结果分析

为综合考察我国人工智能产业发展现状及动态演变规律，本节在构建的我国人工智能产业发展水平评价指标体系的基础上运用上述单一评价方法及组合评价方法，得出 2009~2018 年各省人工智能产业发展水平评价值，并在此基础上采用三重差异驱动法解决动态评价方法中没有考虑被评价对象评价值的整体波动的问题，得到我国省域人工智能产业发展的综合评价值，进而从总体及分维度视角探讨人工智能产业发展演进态势。

4.4.1 总体分析

4.4.1.1 时序变化分析

2009~2018 年我国 30 个省份（限于资料的获取，本书不涉及西藏自治区及台湾、香港、澳门地区）人工智能产业各年产业发展评价值如表 4-12

所示，全国及东部、中部、西部、东北地区产业发展变化趋势如图 4 - 1 所示，2009~2018 年我国人工智能产业发展水平变化趋势如图 4 - 2 至图 4 - 5 所示。

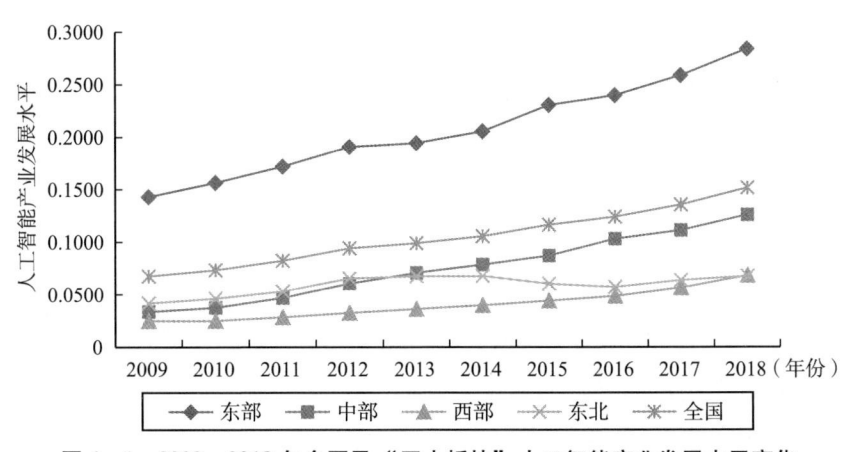

图 4 - 1　2009~2018 年全国及 "四大板块" 人工智能产业发展水平变化

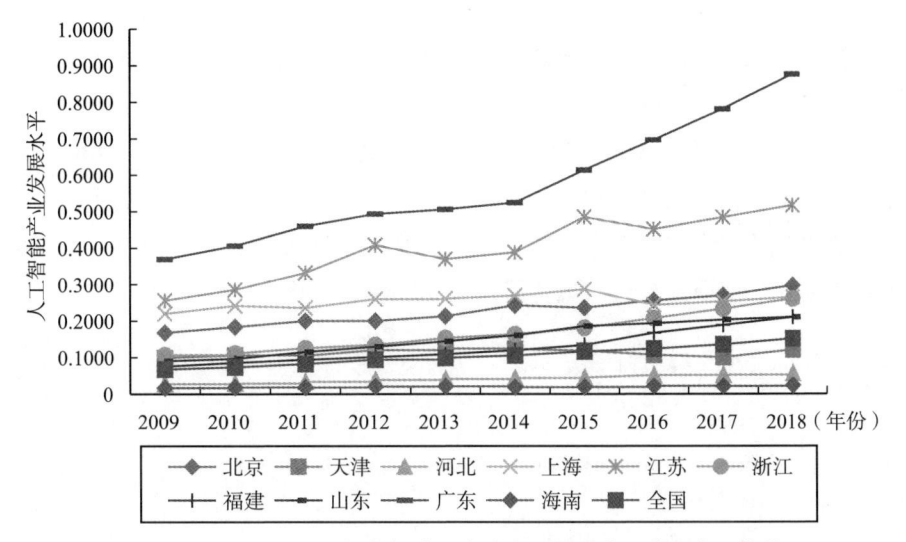

图 4 - 2　2009~2018 年东部地区省域人工智能产业发展水平变化

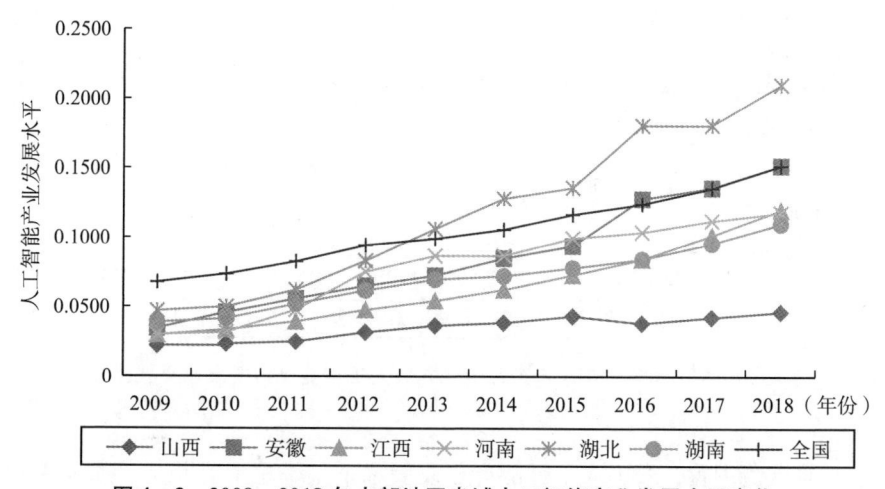

图 4-3　2009～2018 年中部地区省域人工智能产业发展水平变化

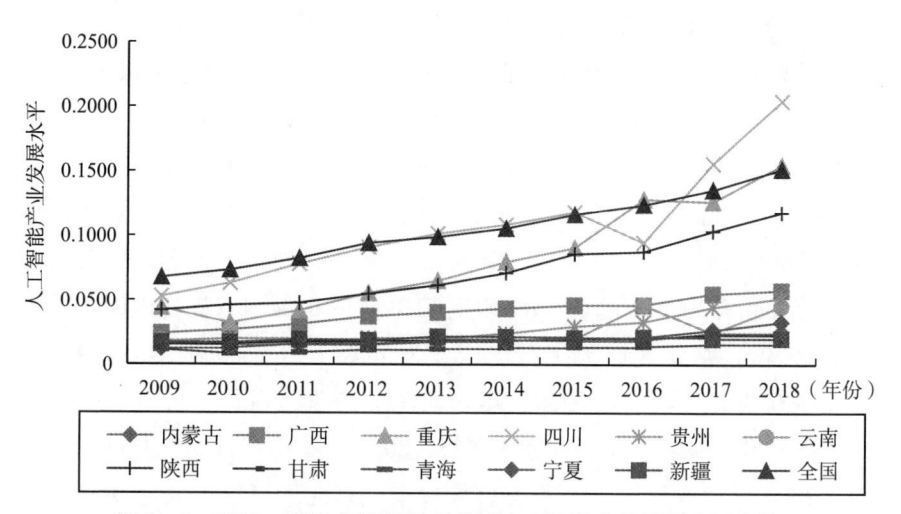

图 4-4　2009～2018 年西部地区省域人工智能产业发展水平变化

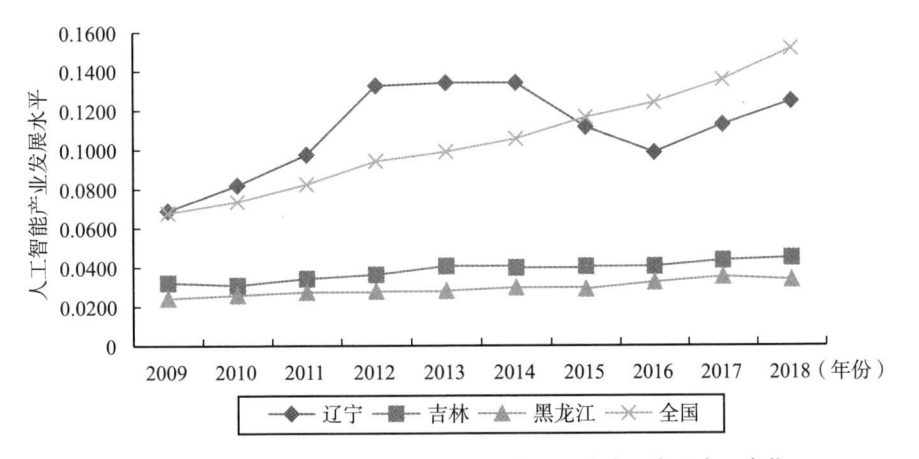

图 4 – 5 2009～2018 年东北地区省域人工智能产业发展水平变化

从全国范围看，我国人工智能产业发展水平呈平稳上升趋势。如表 4 – 12 所示，2009～2018 年，我国人工智能产业发展水平从 2009 年的 0.0677 增至 2018 年的 0.1516，提高 0.0839，年均增幅 9.37%。从区域层面看，2009～ 2018 年，我国"四大板块"人工智能产业发展水平变化趋势相似，均随时间变化呈现增长态势。具体来说，东部地区人工智能产业发展水平从 2009 年的 0.1430 增至 2018 年的 0.2837，提高 0.1407，年均增幅 7.91%，东部地区人工智能产业发展水平稳步增长，上升幅度明显，且始终处于领先地位；中部地区人工智能产业发展水平从 2009 年的 0.0337 增至 2018 年的 0.1259，提高 0.0922，年均增幅 15.78%，且在 2013 年赶超东北地区；西部地区人工智能产业发展水平从 2009 年的 0.0249 增至 2018 年的 0.0684，提高 0.0435，年均增幅 11.89%；东北地区人工智能产业发展水平从 2009 年的 0.0417 增至 2018 年的 0.0677，提高 0.0260，年均增幅 9.37%，在样本考察期内呈波动上升态势，2014～2016 年出现回落态势，2017 年有所回升。对此可能的解释是，自 2004 年"东北振兴"战略实施以来，东北地区进入高速发展的"十年振兴"阶段，推动人工智能产业快速发展，但受限于体制机制深层次矛盾尚未理顺、新旧动能转化能力较弱等问题，2014 年东北地区人工智能产业发展水平出现明显下降；为解决东北地区经济增长新动力不足和旧动力减弱等问题，2016 年国务院发布《中共中央 国务院关于全面振兴东北地区等老工业基地的若干意见》，加快东北老工业基地全面振兴，这有效提升东北地区发展活力、内生动力和发展竞争力，也进一步促进以人工智能产业为代表的新兴产业发展。

这一时期综合来看，我国人工智能产业发展存在明显的空间差异和地区不平衡现象。从各地区人工智能产业发展水平看，东部地区最高，且远高于全国平均水平，其次是中部和东北地区，最后是西部地区，中部、西部及东北地区人工智能产业发展水平明显低于全国平均水平；在人工智能产业发展水平增幅上，中部地区增幅最大，其次是西部地区，再次是东部地区，最后是东北地区。总体来说，全国整体人工智能产业发展水平呈现东部＞全国＞中部＞东北＞西部的"东高西低"的空间分布格局，但年均增幅表现为中部＞西部＞全国＞东部＞东北，呈现中部、西部发展速度较快，东部、东北地区发展较慢的变化趋势。

从全国各省份看，2009～2018 年，各省份人工智能产业发展水平均呈波动上升的总体态势。部分省份如广东、江苏、上海、北京、山东、浙江、福建 7 个省份人工智能产业发展水平处于领先地位且增速较快，其产业发展正处于高速积累阶段；部分省份如新疆、河北、陕西、海南、广西、云南、贵州、甘肃、青海、山西、宁夏、内蒙古 12 个省份现阶段人工智能产业发展水平较低且增幅较缓，仍处于人工智能产业发展的初始起步阶段，主要集中在中部、西部和东北地区；部分省份如安徽、河南、湖南、江西、重庆 5 个省份现阶段人工智能产业发展水平较低，但增速较快，主要集中在中部、西部地区。初始时期低于全国人工智能产业发展平均水平，而后实现持续赶超的省份包括湖北、四川；初始时期高于全国人工智能产业发展平均水平，而后持续落后于全国平均水平的省份有天津。

从区域各省份看，处于同一地区的省份，其人工智能产业发展水平差异变大。东部地区人工智能产业发展整体呈上升趋势，年均增长 7.91%。如图 4-2 所示，2009～2018 年，广东从 0.3697 提高到 0.8758，年均增长10.06%；江苏从 0.2559 提高到 0.5168，年均增长 8.12%；上海从 0.2198 提高到 0.2647，年均增长 2.09%；北京从 0.1677 提高到 0.2969，年均增长6.55%；浙江从 0.1068 提高到 0.2606，年均增长 10.42%；山东从 0.0906 提高到 0.2101，年均增长 9.80%；福建从 0.0758 提高到 0.2102，年均增长

12.00%；天津从 0.0992 提高到 0.1211，年均增长 2.25%；河北从 0.0278 提高到 0.0571，年均增长 8.33%；海南从 0.0170 提高到 0.0239，年均增长 3.88%。总体来说，东部地区各省域人工智能产业发展水平均呈上升趋势，与中国东部地区整体变化趋势相似。除河北和海南外，东部地区省域人工智能产业发展基础均高于全国平均水平。其中，广东、江苏人工智能产业发展明显高于中国平均水平。究其原因，随着人工智能进入蓬勃发展期，广东已初步形成以华为、腾讯等大型龙头企业为引领，以基础软硬件设施为支撑，以技术攻关为核心，以产业应用为主导的人工智能产业链，成为人工智能产业发展战略高地；江苏依托苏州工业园区，大力发展语音识别、智能机器人、智能芯片等人工智能关键核心技术，已初步形成涵盖人工智能平台、人工智能系统、智能软件等较为完整的人工智能产业链，促使其人工智能产业处于领先地位。

中部地区人工智能产业发展整体呈上升趋势，年均增长 15.78%。如图 4-3 所示，2009～2018 年，湖北从 0.0470 提高到 0.2101，年均增长 18.09%；安徽从 0.0345 提高到 0.1517，年均增长 17.89%；河南从 0.0300 提高到 0.1178，年均增长 16.40%；湖南从 0.0387 提高到 0.1098，年均增长 12.27%；江西从 0.0297 提高到 0.1198，年均增长 16.76%；山西从 0.0220 提高到 0.0463，年均增长 8.59%。总体来说，中部地区人工智能产业发展均呈上升趋势，与中国中部地区整体情况保持相对一致。按照数量关系大小排序为：湖北＞全国＞安徽＞河南＞湖南＞江西＞山西。其中，湖北人工智能产业发展明显高于中国平均水平。对此，可能的原因是，湖北在依托电子信息产业发展优势的基础上，充分利用云计算、人工智能等新一代信息技术改造优化传统优势产业，培育人工智能产业，并通过天喻信息、光谷北斗、烽火通信等国内领先的人工智能企业，实现以工业机器人为引领，从硬件到软件、从产品到服务全覆盖的人工智能产业集群。

西部地区人工智能产业发展整体呈上升趋势，年均增长 11.89%。如图 4-4 所示，2009～2018 年，四川从 0.0529 提高到 0.2043，年均增长 16.20%；重庆从 0.0442 提高到 0.1547，年均增长 14.94%；陕西从 0.0422 提高到 0.1180，年均增长 12.10%；广西从 0.0243 提高到 0.0577，年均增长 10.07%；贵州从 0.0181 提高到 0.0516，年均增长 12.36%；云南从 0.0190

提高到 0.0455，年均增长 10.19%；宁夏从 0.0123 提高到 0.0332，年均增长 11.62%；新疆从 0.0174 提高到 0.0206，年均增长 1.91%；甘肃从 0.0157 提高到 0.0237，年均增长 4.71%；内蒙古从 0.0162 提高到 0.0258，年均增长 5.27%；青海从 0.0114 提高到 0.0172，年均增长 4.71%。总体来说，西部地区人工智能产业发展均呈上升趋势，与中国西部地区整体情况保持相对一致，且普遍低于全国平均水平。其中，四川人工智能产业发展水平略高于中国平均水平。相对于西部地区其他省域，排名靠前的四川连通东南亚和南亚，辐射"一带一路"，区位优势明显，人工智能市场环境优良，同时围绕着浪潮、长虹等大数据企业，集聚了一批具有核心竞争力的人工智能企业，促使四川人工智能产业综合实力稳步提升。

东北地区人工智能产业发展整体呈上升趋势，年均增长 5.53%。如图 4 - 5 所示，2009～2018 年，辽宁从 0.0688 提高到 0.1247，年均增长 6.83%；吉林从 0.0321 提高到 0.0448，年均增长 3.77%；黑龙江从 0.0243 提高到 0.0337，年均增长 3.71%。总体来说，东北地区人工智能产业发展均呈上升趋势，与中国东北地区整体情况保持相对一致。按照数量关系大小排序为：辽宁 > 全国 > 黑龙江 > 吉林。对比吉林和黑龙江两个省域，考察期内辽宁人工智能产业发展水平波动幅度较大，2009～2012 年稳步增长，2012～2014 年平稳发展，2014～2016 年出现回落态势，此后呈现稳定上升态势。对此，可能的解释是，面对国内经济下行压力大和国际经济复苏弱的双重压力，2014 年，辽宁长期积累的产业结构、经济结构问题的集中显现，一定程度上造成人工智能产业发展回落态势，此后，在新一轮东北振兴战略的深入推进下，辽宁大力推动人工智能等新一代信息技术在制造领域的应用，极大带动了人工智能产业的快速发展。

4.4.1.2 空间格局分析

上述分析表明我国人工智能产业发展存在明显的空间差异及区域非均衡现象，整体呈现"东高西低"的空间分布格局。为进一步探析我国人工智能产业发展的空间分布特征，本书基于 2009～2018 年我国人工智能产业发展综合评价结果，运用 Arcgis 10.5 软件，采用 Jenks 自然断裂法对其进行聚类分析，以便更直观地解析我国人工智能产业发展的地区差异。根据 Jenks

自然断裂法分类结果，可将我国人工智能产业划分为高水平（3.3902～7.9086）、中高水平（1.7920～3.3901）、中低水平（0.5785～1.7919）、低水平（0.1732～0.5784）四个等级，具体分类结果见表4-16。

表4-16 我国人工智能产业发展水平等级划分

等级	省份	数量（个）	占比（%）
高水平	广东、江苏	2	6.67
中高水平	北京、山东、浙江、上海	4	13.33
中低水平	四川、陕西、河南、湖北、重庆、湖南、辽宁、江西、天津、福建、安徽	11	36.67
低水平	贵州、吉林、内蒙古、山西、甘肃、青海、宁夏、云南、广西、新疆、海南、黑龙江、河北	13	43.33

由表4-16可知，我国人工智能产业高水平发展等级的省域数量最少，包括广东、江苏2个省份，占比6.67%；中高水平发展等级的省份数量较少，包括北京、山东、浙江、上海4个省份，占比13.33%；中低水平发展等级的省份数量较多，包括河南、天津、陕西、安徽、四川、重庆、湖南、辽宁、江西、湖北、福建11个省份，占比36.67%；低水平发展等级的省份数量最多，包括吉林、宁夏、海南、内蒙古、山西、甘肃、新疆、云南、贵州、广西、黑龙江、青海、河北13个省份，占比43.33%。结果表明，我国各省份人工智能产业发展水平多处于中低水平和低水平发展等级，高水平和中高水平发展等级较少，我国人工智能产业发展水平整体偏低。从空间分布特征看，2009～2018年我国人工智能产业发展综合水平介于0.1732～7.9086之间，整体呈现"东部领先、中部追赶、东北及西部落后"的空间分布格局。东部地区人工智能产业发展处于高水平发展等级的省份有广东、江苏2个省份，这2个省份是我国人工智能产业发展的第一梯队，处于中高水平发展等级的省份有北京、山东、浙江、上海4个省份，处于中低水平发展等级的省份有天津、福建2个省份，处于低水平发展等级的省份有海南、河北2个省份；中部地区人工智能产业发展处于中低水平发展等级的省份有河南、

安徽、湖北、湖南、江西 5 个省份，处于低水平发展等级的省份有山西 1 个
省份；西部地区人工智能产业发展处于中低水平发展等级的省份有陕西、四
川、重庆 3 个省份，处于低水平发展等级的省份有内蒙古、宁夏、甘肃、青
海、新疆、云南、贵州、广西 8 个省份，西部地区是我国人工智能产业发展
的"洼地"；东北地区人工智能产业发展处于中低水平发展等级的省份有辽
宁 1 个省份，处于低水平发展等级的省份有黑龙江、吉林 2 个省份。

4.4.2 分维度分析

4.4.2.1 产业发展基础分析

（1）时序变化分析。

2009～2018 年我国 30 个省份（限于资料的获取，本书不涉及西藏自
治区及台湾、香港、澳门地区）人工智能产业各年产业发展基础评价值如
表 4 - 13 所示，全国及东部、中部、西部、东北地区产业发展基础变化趋势
如图 4 - 6 所示，2009～2018 年我国人工智能产业发展基础水平变化趋势如
图 4 - 7 至图 4 - 10 所示。

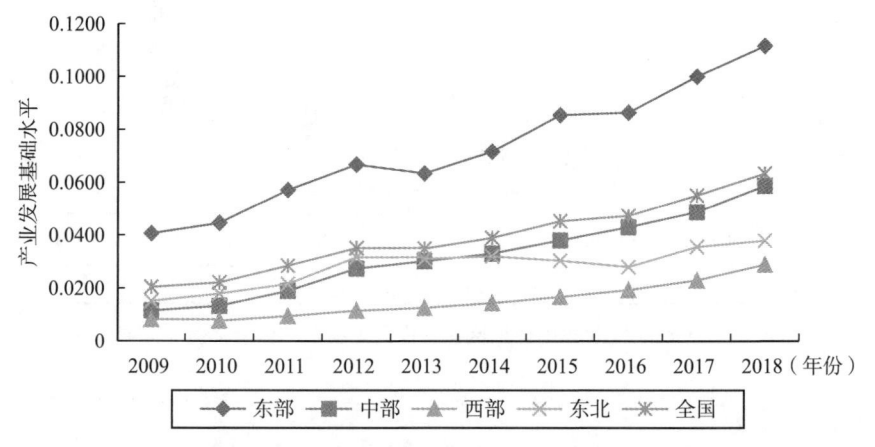

图 4 - 6　2009～2018 年全国及"四大板块"人工智能产业发展基础水平变化

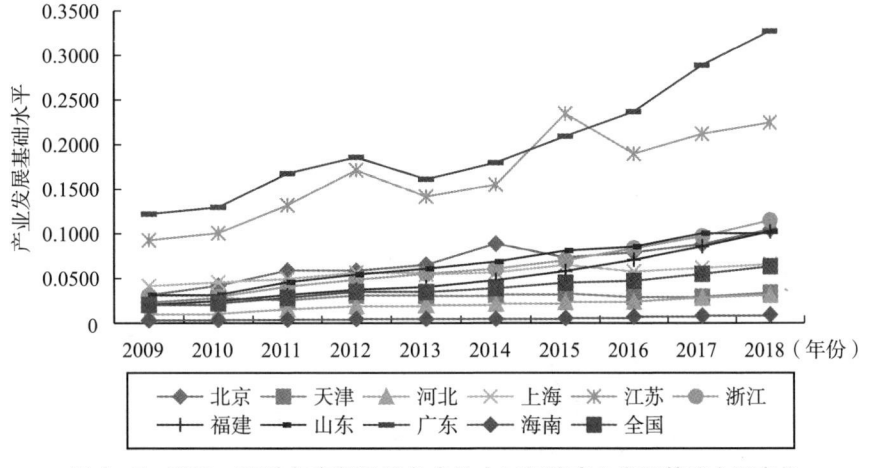

图 4 – 7   2009～2018 年东部地区各省份人工智能产业发展基础水平变化

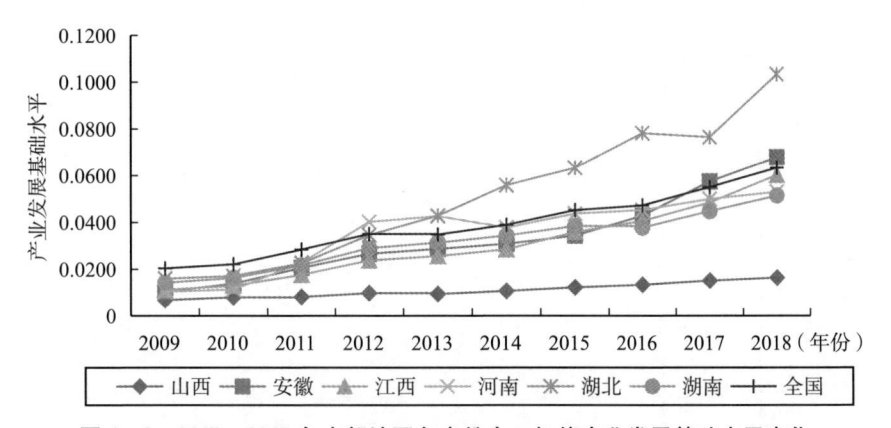

图 4 – 8   2009～2018 年中部地区各省份人工智能产业发展基础水平变化

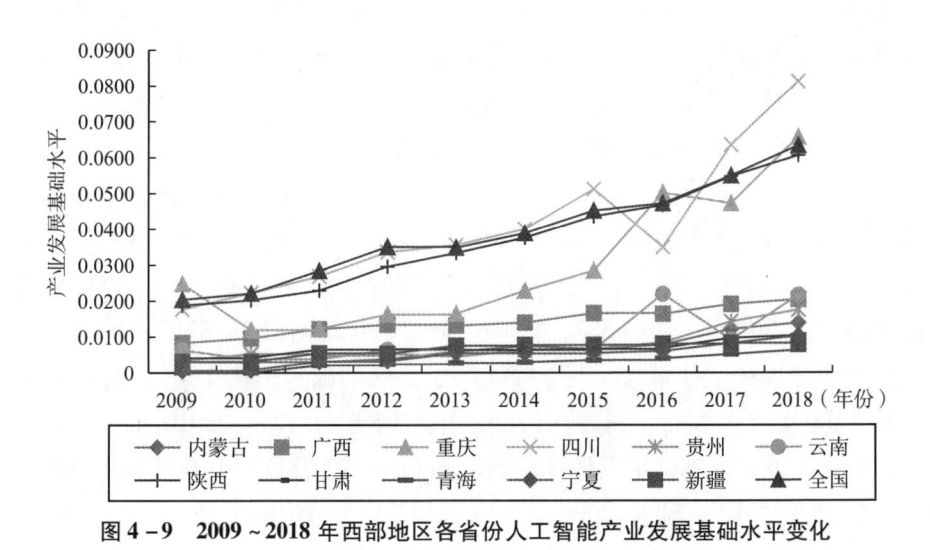

图 4 – 9   2009～2018 年西部地区各省份人工智能产业发展基础水平变化

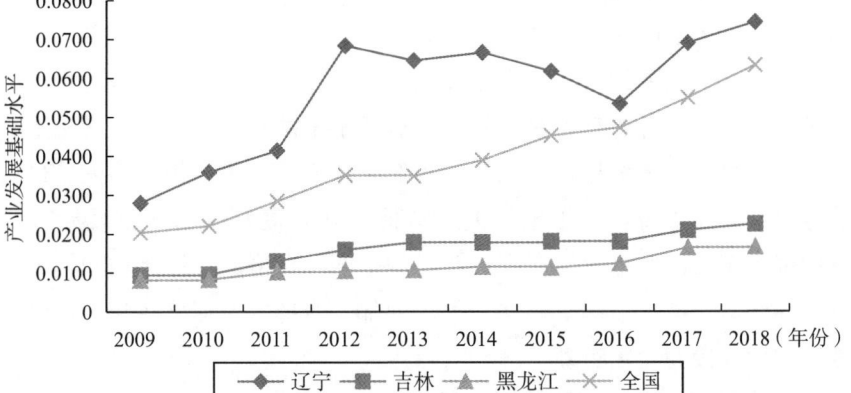

图 4 – 10   2009～2018 年东北地区各省份人工智能产业发展基础水平变化

从全国范围看，我国人工智能产业发展基础水平呈平稳上升趋势。如表 4 - 13 所示，2009 ~ 2018 年，人工智能产业发展基础水平从 2009 年的 0.0204 增至 2018 年的 0.0633，提高 0.0430，年均增幅 13.42%，2013 年我国人工智能产业发展基础水平有短暂回落，其后逐渐增长。从区域层面看，2009 ~ 2018 年，我国"四大板块"人工智能产业发展基础水平呈现相似的变化趋势，均随时间变化表现出不同程度的增长态势。如图 4 - 6 所示，东部地区人工智能产业发展基础水平从 2009 年的 0.0406 增至 2018 年的 0.1117，提高 0.0711，年均增幅 11.89%，2013 年东部地区人工智能产业发展基础水平有所回落，其后稳步增长；中部地区人工智能产业发展基础水平从 2009 年的 0.0115 增至 2018 年的 0.0587，提高 0.0472，年均增幅 19.82%，且在 2013 年赶超东北地区；西部地区人工智能产业发展基础水平从 2009 年的 0.0082 增至 2018 年的 0.0288，提高 0.0206，年均增幅 14.92%，2010 年西部地区人工智能产业发展基础水平呈现微弱下降趋势，此后稳步上升；东北地区人工智能产业发展基础从 2009 年的 0.0152 增至 2018 年的 0.0379，提高 0.0227，年均增幅 10.71%，在样本考察期内呈波动上升态势，其中 2014 ~ 2016 年间出现回落态势。

这一时期综合来看，我国人工智能产业发展基础水平存在明显的空间不平衡现象。从各地区人工智能产业发展基础水平来看，东部地区最高，且明显高于全国平均水平，其次是中部和东北地区，最后是西部地区，中部、西部及东北地区人工智能产业发展基础明显低于全国平均水平；在增幅上，中部地区增幅最大，其次是西部地区，东部地区增幅较慢，排名第三，最后是东北地区。总体来说，全国整体人工智能产业发展基础水平呈现东部 > 全国 > 中部 > 东北 > 西部的"东高西低"的空间分布格局，但年均增幅表现为中部 > 西部 > 全国 > 东部 > 东北，呈现中部、西部发展速度较快，东部、东北地区发展较慢的变化趋势。

从全国各省份看，2009 ~ 2018 年，全国各省份人工智能产业发展基础水平均呈波动上升的总体态势。部分省份如广东、江苏、北京、山东、浙江、上海、福建、辽宁人工智能产业发展基础水平处于领先地位且增速较快，其产业发展基础正处于高速积累阶段，这些省份主要分布在我国东部地区；部分省份如贵州、海南、宁夏、江西、湖南、内蒙古、广西、云南、山西、甘肃、吉林、新疆、河北、青海、黑龙江 15 个省份现阶段人工智能产业发展基础水平较低，且增速较慢，仍处于人工智能产业发展基础的初步阶段，主要集中在西部和东北地区。初始时期低于全国人工智能产业发展基础平均水平，而后实现持续赶超的省份包括安徽、湖北、四川、重庆；初始时期高于全国人工智能产业发展基础平均水平，而后持续落后于全国平均水平的省份有天津。

从区域各省份看，处于同一地区的省份，其人工智能产业发展基础水平差异变大。东部地区人工智能产业发展基础整体呈上升趋势，年均增长11.89%。如图 4 - 7 所示，2009 ~ 2018 年，广东从 0.1220 提高到 0.3272，年均增长 11.58%；江苏从 0.0927 提高到 0.2246，年均增长 10.33%；北京从 0.0314 提高到 0.1047，年均增长 14.32%；山东从 0.0313 提高到 0.1024，年均增长 14.06%；浙江从 0.0307 提高到 0.1149，年均增长 15.80%；上海从 0.0415 提高到 0.0658，年均增长 5.26%；福建从 0.0206 提高到 0.1024，年均增长 19.49%；天津从 0.0231 提高到 0.0340，年均增长 4.40%；河北从 0.0098 提高到 0.0315，年均增长 13.88%；海南从 0.0031 提高到 0.0095，年均增长 13.07%。总体来说，东部地区各省份人工智能产业发展基础均呈上升趋势，与中国东部地区整体情况保持相对一致。除天津、河北和海南外，东部地区省份人工智能产业发展基础均高于全国平均水平。其中，广东、江苏人工智能产业发展基础明显高于中国平均水平。排名靠前的浙江、山东、广东、江苏、福建、北京、上海 7 个省份，相对于东部地区其他 3 个省份，集中了人工智能产业发展的各类有利基础条件，拥有良好科研环境，人工智能产业从业人员占比及产业内科研人员占比较高，产业经费投入量大，这些为推进广东、江苏人工智能产业发展基础水平建设奠定了坚实的物质条件。反之，天津、河北、海南 3 个省份人工智能产业资金供给、人才培养、高端科研基地建设薄弱，且对人才、资本吸引力有限，导致各省份内人工智能产业发展基础总体实力较为薄弱。

中部地区人工智能产业发展基础整体呈上升趋势，年均增长 19.82%。如图 4 - 8 所示，2009 ~ 2018 年，湖北从 0.0160 提高到 0.1033，年均增长23.04%；河南从 0.0105 提高到 0.0531，年均增长 19.77%；安徽从 0.0105提高到 0.0679，年均增长 23.10%；湖南从 0.0142 提高到 0.0514，年均增长

15.33%；江西从 0.0112 提高到 0.0602，年均增长 20.54%；山西从 0.0068 提高到 0.0164，年均增长 10.18%。总体来说，中部地区各省份人工智能产业发展基础均呈上升趋势，与中国中部地区整体情况保持相对一致。其中，除湖北人工智能产业发展基础明显高于中国平均水平，中部地区其余省份人工智能产业发展基础均普遍低于全国平均水平。相对于中部地区其他省份，排名靠前的湖北，在人工智能领域教育基础和科技实力方面具有比较优势。一方面，湖北高校规模、教师资源及在校学生数均位列中部地区首位，并开设多个"数据科学与大数据技术"和"机器人工程"等人工智能相关专业，具有建立全国领先的人工智能人才培养基地的良好基础；另一方面，湖北积极布局光谷科创大走廊，建立人工智能科研平台，这为湖北人工智能产业发展提供良好的人才和物质基础。

西部地区人工智能产业发展基础整体呈上升趋势，年均增长 14.92%。如图 4—9 所示，2009～2018 年，四川从 0.0177 提高到 0.0813，年均增长 18.44%；陕西从 0.0188 提高到 0.0606，年均增长 13.90%；重庆从 0.0248 提高到 0.0657，年均增长 11.44%；广西从 0.0084 提高到 0.0205，年均增长 10.40%；云南从 0.0064 提高到 0.0216，年均增长 14.53%；内蒙古从 0.0030 提高到 0.0140，年均增长 18.41%；贵州从 0.0035 提高到 0.0176，年均增长 19.51%；甘肃从 0.0042 提高到 0.0104，年均增长 10.71%；新疆从 0.0032 提高到 0.0088，年均增长 11.92%；宁夏从 0.0006 提高到 0.0103，年均增长 37.82%；青海从 0.0001 提高到 0.0064，年均增长 59.54%。总体来说，西部地区各省份人工智能产业发展基础均呈上升趋势，与中国西部地区整体情况保持相对一致，且普遍低于全国平均水平。其中，四川人工智能产业发展基础略高于中国平均水平，广西、云南、贵州、内蒙古、甘肃、新疆、宁夏、青海 8 个省域显著低于全国平均水平。对此，可能的原因是，四川拥有良好的创新平台和科研环境，已成为西部地区高端人才发展的沃土，为人工智能产业发展提供人才支撑，而西部其他省份发展人工智能产业的人才资源薄弱，缺少人工智能产业发展的创新平台，从而形成四川人工智能产业发展基础显著高于西部其他省份的局势。

东北地区人工智能产业发展基础整体呈上升趋势，年均增长 10.71%。如图 4－10 所示，2009～2018 年，辽宁从 0.0280 提高到 0.0744，年均增长

11.48%；吉林从 0.0094 提高到 0.0225，年均增长 10.22%；黑龙江从 0.0081 提高到 0.0167，年均增长 8.35%。总体来说，东北地区各省域人工智能产业发展基础均呈上升趋势，与中国东北地区整体情况保持相对一致。其中，辽宁人工智能产业发展基础显著高于中国平均水平。相对于辽宁，吉林和黑龙江 2 个省域人工智能企业与高校科研机构的产学研应用平台不足，人工智能领域相关优秀人才引进能力较弱，对人工智能产业人力资本的供应不足，严重制约吉林和黑龙江 2 个省域人工智能产业发展基础。

（2）空间格局分析。

上述分析表明我国人工智能产业发展基础存在明显的空间差异及区域非均衡现象，整体呈现"东高西低"的空间分布格局。为进一步探析我国人工智能产业发展基础的空间分布特征，本书基于 2009～2018 年我国人工智能产业发展基础综合评价结果，运用 Arcgis 10.5 软件，采用 Jenks 自然断裂法对其进行聚类分析，以便更直观地解析我国人工智能产业发展基础的地区差异。根据 Jenks 自然断裂法分类结果，可将我国人工智能产业发展基础水平划分为高水平（0.9567～2.7862）、中高水平（0.5740～0.9566）、中低水平（0.2841～0.5739）、低水平（0.0434～0.2840）四个等级，具体分类结果见表 4－17。

表 4－17　　　　　　　我国人工智能产业发展基础水平等级划分

等级	省份	数量（个）	占比（%）
高水平	广东、江苏	2	6.67
中高水平	北京、山东、浙江、上海、辽宁、湖北、福建	7	23.33
中低水平	天津、陕西、河南、安徽、四川、重庆、湖南、江西	8	26.67
低水平	宁夏、黑龙江、吉林、山西、甘肃、新疆、云南、青海、贵州、海南、内蒙古、河北、广西	13	43.33

由表 4－17 可知，我国人工智能产业基础高水平发展等级的省份数量最少，包括广东、江苏 2 个省份，占比 6.67%；中高水平发展等级的省份数量

较少，包括北京、山东、浙江、上海、辽宁、湖北、福建 7 个省份，占比
23.33%；中低水平发展等级的省份数量较多，包括重庆、河南、天津、陕
西、安徽、四川、江西、湖南 8 个省份，占比 26.67%；低水平发展等级的
省份数量最多，包括青海、山西、吉林、内蒙古、甘肃、新疆、云南、贵州、
宁夏、广西、海南、黑龙江、河北 13 个省份，占比 43.33%。结果表明，我
国各省份人工智能产业发展基础水平多处于中低水平和低水平发展等级，高
水平和中高水平发展等级较少，我国人工智能产业发展基础水平整体偏低。
从空间分布特征看，2009～2018 年我国人工智能产业发展基础水平介于
0.0434～2.7862 之间，整体呈现"东高西低、中高南北低"的空间分布格
局。东部地区人工智能产业发展基础处于高水平发展等级的省份有广东、江
苏 2 个省份，这 2 个省份是我国人工智能产业基础发展的第一方阵，处于中
高水平发展等级的省份有北京、山东、浙江、上海、福建 5 个省份，处于中
低水平发展等级的省份有天津 1 个省份，处于低水平发展等级的省份有海南、
河北 2 个省份；中部地区人工智能产业发展基础处于中高水平发展等级的省
份有湖北 1 个省份，中低水平发展等级的省份有河南、安徽、湖南、江西 4
个省份，处于低水平发展等级的省份有山西 1 个省份；西部地区人工智能产
业发展基础处于中低水平发展等级的省份有陕西、四川、重庆 3 个省份，处
于低水平发展等级的省份有云南、青海、宁夏、甘肃、新疆、贵州、广西、
内蒙古 8 个省份，西部地区是我国人工智能产业发展的"洼地"；东北地区
人工智能产业发展基础处于中高水平发展等级的省份有辽宁 1 个省份，处于
低水平发展等级的省份有黑龙江、吉林 2 个省份。

4.4.2.2 产业发展动力分析

（1）时序变化分析。

2009～2018 年我国 30 个省份（限于资料的获取，本书不涉及西藏自
治区及台湾、香港、澳门地区）人工智能产业各年产业发展动力评价值如
表 4-16 所示，全国及东部、中部、西部、东北地区产业发展动力变化趋势
如图 4-11 所示，2009～2018 年我国人工智能产业发展动力水平变化趋势如
图 4-12 至图 4-15 所示。

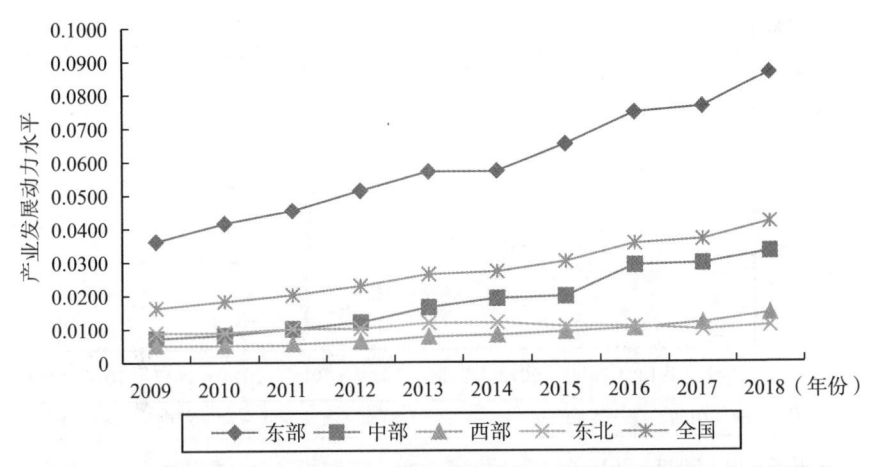

图 4 – 11　2009～2018 年全国及"四大板块"人工智能产业发展动力水平变化

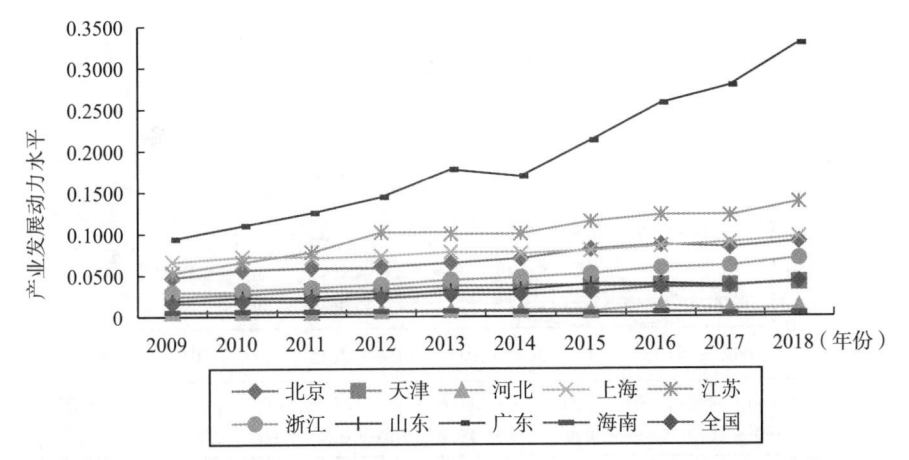

图 4 – 12　2009～2018 年东部地区各省份人工智能产业发展动力水平变化

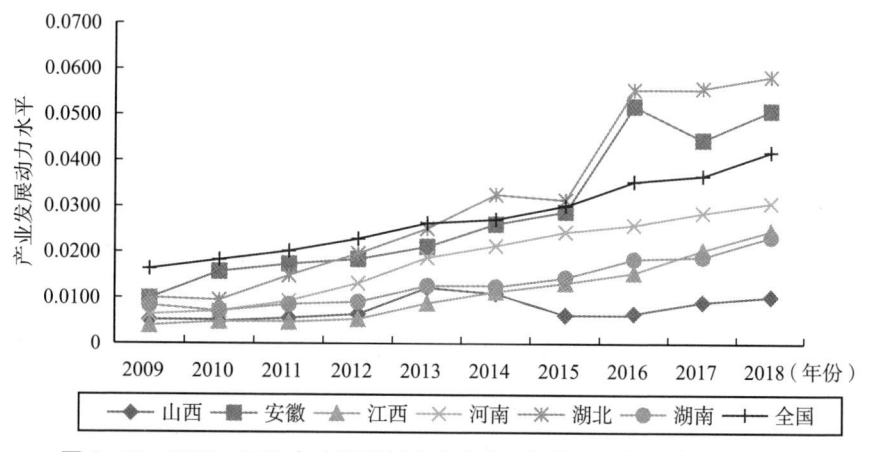

图 4 – 13　2009 ~ 2018 年中部地区各省份人工智能产业发展动力水平变化

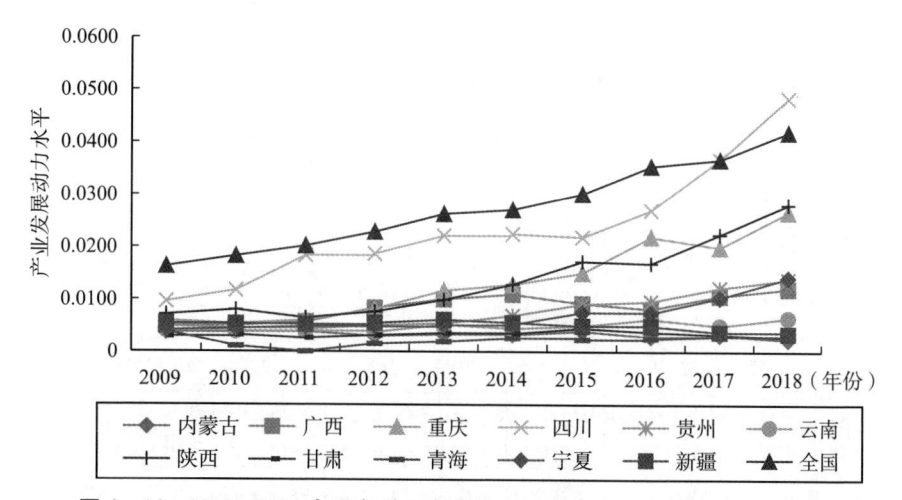

图 4 – 14　2009 ~ 2018 年西部地区各省份人工智能产业发展动力水平变化

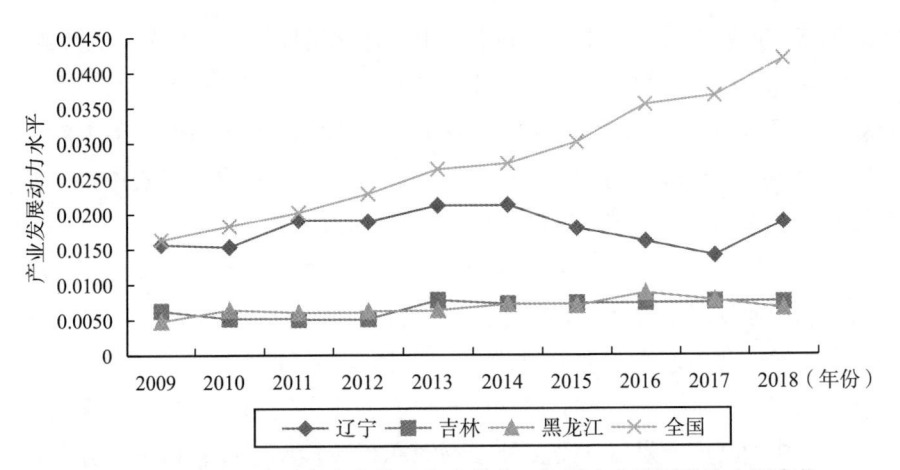

图4-15 2009~2018年东北地区各省份人工智能产业发展动力水平变化

从全国范围看，我国人工智能产业发展动力水平呈平稳上升趋势。如表4-14所示，2009~2018年，人工智能产业发展动力水平从2009年的0.0163增至2018年的0.0419，提高0.0256，年均增幅11.07%。从区域层面看，2009~2018年，我国"四大板块"人工智能产业发展动力水平具有相似的变化趋势，均随时间变化表现出不同程度的增长态势。如图4-11所示，东部地区人工智能产业发展动力水平从2009年的0.0362增至2018年的0.0865，提高0.0504，年均增幅10.17%；中部地区人工智能产业发展动力水平从2009年的0.0073增至2018年的0.0331，提高0.0258，年均增幅18.32%；西部地区人工智能产业发展动力水平从2009年的0.0052增至2018年的0.0147，提高0.0095，年均增幅12.30%，2010年西部地区人工智能产业发展动力水平微弱下降，此后稳步上升；东北地区人工智能产业发展动力水平从2009年的0.0089增至2018年的0.0109，提高0.0020，年均增幅2.31%，在样本考察期内呈波动上升态势，2014~2017年出现回落态势，2018年有所回升。

这一时期综合来看，我国人工智能产业发展动力水平存在明显的空间差异和地区不平衡现象。从各地区人工智能产业发展动力水平来看，东部地区最高，且处于全国平均水平之上，其次是中部和东北地区，最后是西部地区，中部、西部及东北地区人工智能产业发展动力水平明显低于全国平均水平；

在人工智能产业发展动力水平增幅上，中部地区增幅最大，其次是西部地区，再次是东部地区，东北地区增幅最小。总体来说，全国整体人工智能产业发展动力水平呈现东部＞全国＞中部＞东北＞西部的"东高西低"的空间分布格局，但年均增幅表现为中部＞西部＞全国＞东部＞东北，呈现中部、西部发展速度较快，东部、东北地区发展较慢的变化趋势。

从全国各省份看，2009～2018年，除海南、甘肃、青海、新疆、内蒙古人工智能产业发展动力水平起伏不定，整体呈下降趋势外，其他各省份人工智能产业发展动力水平均呈波动上升的总体态势。部分省份如广东、江苏、上海、北京、山东、浙江6个省份人工智能产业发展动力水平处于领先地位且增速较快，其产业发展动力正处于高速积累阶段，这些省份主要分布在我国东部地区；部分省份如辽宁、宁夏、河北、湖南、山西、贵州、云南、吉林、广西、黑龙江10个省份现阶段人工智能产业发展动力水平较低，且增速较慢，仍处于人工智能产业发展动力的初步阶段，主要集中在中部、西部和东北地区；部分省份如江西、陕西、河南、重庆现阶段人工智能产业发展动力水平较低，但增速较快，主要集中在中西部地区。初始时期低于全国人工智能产业发展动力平均水平，而后实现持续赶超的省份包括福建、湖北、安徽、四川；初始时期高于全国人工智能产业发展动力平均水平，而后持续落后于全国平均水平的省份有天津。

从区域各省份看，处于同一地区的省份，其人工智能产业发展动力水平差异变大。东部地区人工智能产业发展动力整体呈上升趋势，年均增长10.17%。如图4－12所示，2009～2018年，广东从0.0938提高到0.3284，年均增长14.94%；江苏从0.0528提高到0.1375，年均增长11.23%；上海从0.0662提高到0.0956，年均增长4.17%；北京从0.0470提高到0.0901，年均增长7.49%；浙江从0.0298提高到0.0698，年均增长9.94%；天津从0.0245提高到0.0409，年均增长5.88%；山东从0.0194提高到0.0419，年均增长8.91%；福建从0.0170提高到0.0450，年均增长11.43%；河北从0.0057提高到0.0120，年均增长8.68%；海南从0.0058降低到0.0042，年均增长－3.60%。总体来说，除海南人工智能产业发展动力呈下降态势，东部地区其他省份人工智能产业发展动力均呈上升趋势，与中国东部地区整体情况保持相对一致。除河北和海南外，东部地区其余省份人工智能产业发展质量均高于全国平均水平。其中，广东人工智能产业发展动力显著高于中国平均水平。相对于北京、福建、广东、江苏、上海、浙江、天津、山东 8 个省份，海南和河北人工智能产业发展动力较弱。这主要是由于海南以旅游业和房地产业等服务业为主，人工智能消费市场需求存在短板；相较于东部其他省份，河北在人工智能产业资金供给、人才培养、高端科研基地建设方面明显处于劣势，创新动力不足，由此造成人工智能产业发展动力水平较为落后。

中部地区人工智能产业发展动力整体呈上升趋势，年均增长 18.32%。如图 4-13 所示，2009～2018 年，湖北从 0.0100 提高到 0.0584，年均增长 21.68%；安徽从 0.0099 提高到 0.0510，年均增长 19.98%；河南从 0.0064 提高到 0.0308，年均增长 19.12%；湖南从 0.0083 提高到 0.0234，年均增长 12.18%；江西从 0.0039 提高到 0.0247，年均增长 22.63%；山西从 0.0052 提高到 0.0103，年均增长 7.97%。总体来说，中部地区人工智能产业发展动力均呈上升趋势，与中国中部地区整体情况保持相对一致。按照数量关系大小排序为：湖北＞安徽＞全国＞河南＞湖南＞江西＞山西。其中，湖北、安徽 2 个省份分别于 2013 年、2015 年赶超全国平均水平，对此可能的解释是湖北积极推进创新驱动发展，夯实人工智能产业发展基础，打造人工智能产业发展创新动力优势，逐步形成从基础支撑、核心技术到行业应用的人工智能产业链；安徽依托科大讯飞企业，于 2012 年布局"中国声谷"智能语音产业集聚地，通过核心技术和龙头企业的组合优势，逐步形成蓬勃发展的人工智能产业科技高地，为安徽人工智能产业提供持续的发展动能。

西部地区人工智能产业发展动力整体呈上升趋势，年均增长 12.30%。如图 4-14 所示，2009～2018 年，四川从 0.0096 提高到 0.0484，年均增长 19.69%；陕西从 0.0071 提高到 0.0281，年均增长 16.49%；重庆从 0.0059 提高到 0.0266，年均增长 18.18%；广西从 0.0051 提高到 0.0121，年均增长 10.08%；贵州从 0.0049 提高到 0.0138，年均增长 12.22%；宁夏从 0.0041 提高到 0.0141，年均增长 14.73%；新疆从 0.0054 降低至 0.0035，年均增长 -4.72%；甘肃从 0.0030 降低到 0.0028，年均增长 -0.74%；云南从 0.0040 提高到 0.0065，年均增长 5.40%；内蒙古从 0.0038 降低到 0.0023，年均增长 -5.25%；青海从 0.0039 降低到 0.0029，年均增长 -3.00%。总体

来说，除新疆、甘肃、青海 3 个省份人工智能产业发展动力呈现微弱下降趋势，西部地区其他省份人工智能产业发展动力均呈上升趋势，与中国西部地区整体情况保持相对一致，且普遍低于全国平均水平。其中，四川于 2017 年赶超全国平均水平，究其原因，四川充分发挥政府主导作用，积极探索设立人工智能产业扶持基金，为人工智能产业发展提供财政支持；此外，四川以成都高新区和天府新区为核心，谋划推进人工智能产业众创基地，为人工智能产业发展提供创新动能，促使四川人工智能产业发展动力水平持续上升。

东北地区人工智能产业发展动力整体呈上升趋势，年均增长 2.31%。如图 4 - 15 所示，2009 ~ 2018 年，辽宁从 0.0156 提高到 0.0188，年均增长 2.09%；吉林从 0.0063 提高到 0.0074，年均增长 1.86%；黑龙江从 0.0048 提高到 0.0066，年均增长 3.56%。总体来说，东北地区人工智能产业发展动力均呈上升趋势，与中国东北地区整体情况保持相对一致。按照数量关系大小排序为：全国 > 辽宁 > 黑龙江 > 吉林。对此，可能的原因是，东北地区是我国老工业集聚地，产业结构和产品结构偏重资源型、传统型产业，受限于新旧动能转化较慢的问题，省份人工智能产业发展动力较弱。

（2）空间格局分析。

上述分析表明我国人工智能产业发展动力存在明显的空间差异及区域非均衡现象，整体呈现"东高西低"的空间分布格局。为进一步探析我国人工智能产业发展动力的空间分布特征，本书基于 2009 ~ 2018 年我国人工智能产业发展动力综合评价结果，运用 Arcgis 10.5 软件，采用 Jenks 自然断裂法对其进行聚类分析，以便更直观地解析我国人工智能产业发展动力的地区差异。根据 Jenks 自然断裂法分类结果，可将我国人工智能产业发展动力水平划分为高水平（1.3668 ~ 2.6578）、中高水平（0.6460 ~ 1.3667）、中低水平（0.2631 ~ 0.6459）、低水平（0.0296 ~ 0.2630）四个等级，具体分类结果见表 4 - 18。

由表 4 - 18 可知，我国人工智能产业高水平发展等级的省份数量最少，包括广东 1 个省份，占比 3.33%；中高水平发展等级的省份数量较少，包括北京、江苏、上海 3 个省份，占比 10%；中低水平发展等级的省份数量较多，包括浙江、天津、山东、安徽、湖北、四川、福建 7 个省份，占比 23.33%；低水平发展等级的省份数量最多，包括新疆、辽宁、河南、陕西、

表 4 - 18 我国人工智能产业发展动力水平等级划分

等级	省份	数量（个）	占比（%）
高水平	广东	1	3.33
中高水平	北京、江苏、上海	3	10
中低水平	浙江、天津、山东、安徽、湖北、四川、福建	7	23.33
低水平	宁夏、山西、辽宁、陕西、河南、云南、重庆、湖南、吉林、江西、青海、新疆、黑龙江、贵州、广西、海南、甘肃、河北、内蒙古	19	63.33

重庆、湖南、甘肃、内蒙古、贵州、黑龙江、吉林、江西、广西、宁夏、青海、云南、海南、山西、河北 19 个省份，占比 63.33%。结果表明，我国各省份人工智能产业发展动力水平多处于中低水平和低水平发展等级，高水平和中高水平发展等级较少，我国人工智能产业发展动力水平整体偏低。从空间分布特征看，2009~2018 年我国人工智能产业发展动力水平介于 0.0296~2.6578 之间，整体呈现"东部高、中西东北部低"的空间分布格局。东部地区人工智能产业发展动力处于高水平发展等级的省份有广东 1 个省份，广东始终处于我国人工智能产业动力发展的第一梯队，处于中高水平发展等级的省份有北京、江苏、上海 3 个省份，处于中低水平发展等级的省份有浙江、天津、山东、福建 4 个省份，处于低水平发展等级的省份有海南、河北 2 个省份；中部地区人工智能产业动力发展处于中低水平发展等级的省份有安徽、湖北 2 个省份，处于低水平发展等级的省份有河南、山西、湖南、江西 4 个省份；西部地区人工智能产业动力发展处于中低水平发展等级的省份有四川 1 个省份，处于低水平发展等级的省份有贵州、陕西、内蒙古、甘肃、青海、新疆、宁夏、云南、重庆、广西 10 个省份，西部地区是我国人工智能产业动力发展的滞后区；东北地区人工智能产业动力发展处于低水平发展等级的省份有辽宁、黑龙江、吉林 3 个省份。

4.4.2.3 产业发展质量分析

（1）时序变化分析。

2009~2018 年 30 个省份（限于资料的获取，本书不涉及西藏自治区及

台湾、香港、澳门地区）人工智能产业各年产业发展质量评价值如表4-18所
示，全国及东部、中部、西部、东北地区产业发展质量变化趋势如图4-16所
示，2009~2018年我国人工智能产业发展质量水平变化趋势如图4-17至
图4-20所示。

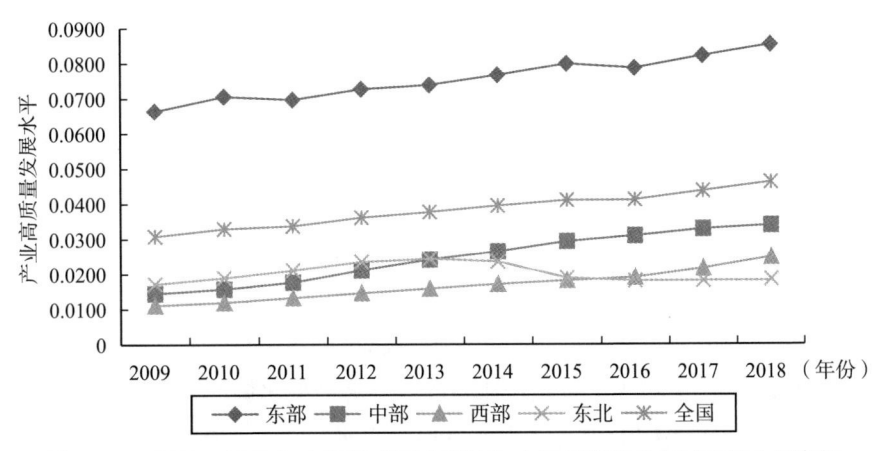

图4-16　2009~2018年全国及"四大板块"人工智能产业发展质量水平变化

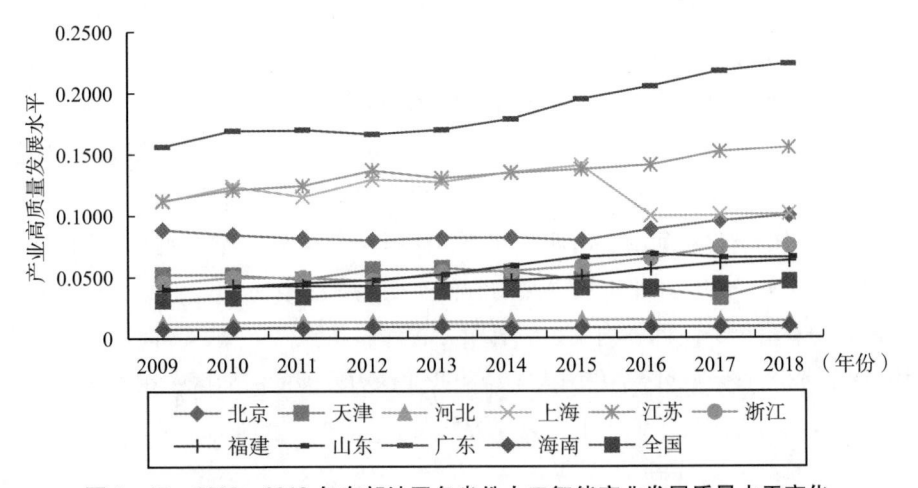

图4-17　2009~2018年东部地区各省份人工智能产业发展质量水平变化

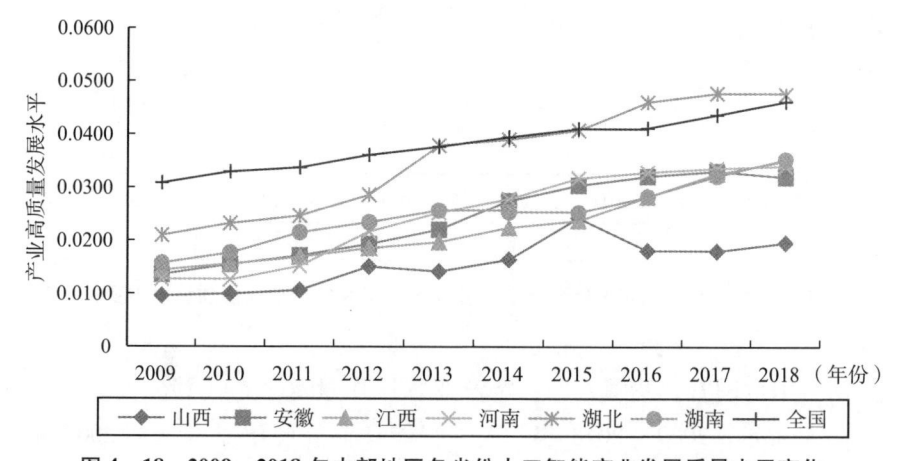

图 4 - 18 2009～2018 年中部地区各省份人工智能产业发展质量水平变化

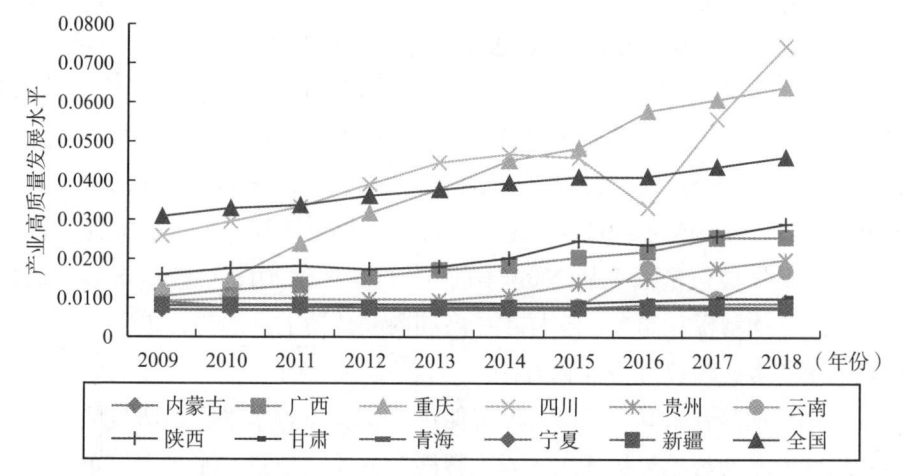

图 4 - 19 2009～2018 年西部地区各省份人工智能产业发展质量水平变化

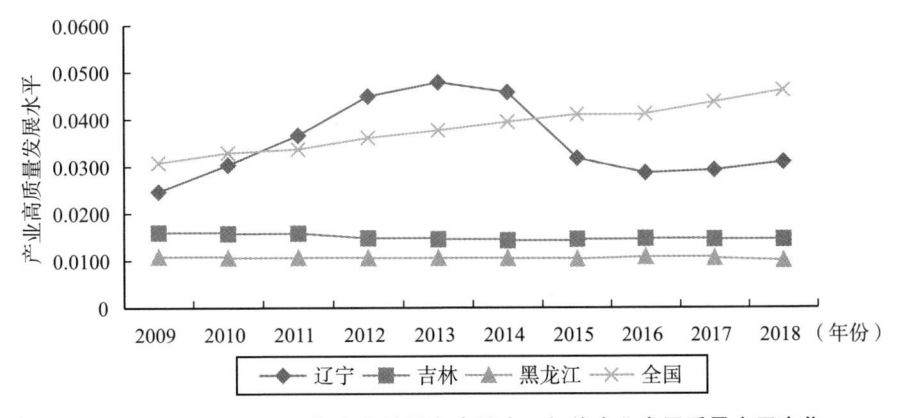

图 4 – 20　2009～2018 年东北地区各省份人工智能产业发展质量水平变化

从全国范围看，我国人工智能产业发展质量水平呈平稳上升趋势。如表 4 – 15 所示，2009～2018 年，人工智能产业发展质量水平从 2009 年的 0.0308 增至 2018 年的 0.0461，提高 0.0153，年均增幅 4.58%。从区域层面看，2009～2018 年，我国"四大板块"人工智能产业发展质量水平变化趋势相似，均随时间变化表现出不同程度的增长态势。如图 4 – 16 所示，东部地区人工智能产业发展质量水平从 2009 年的 0.0664 增至 2018 年的 0.0853，提高 0.0188，年均增幅 2.81%；中部地区人工智能产业发展质量水平从 2009 年的 0.0145 增至 2018 年的 0.0339，提高 0.0194，年均增幅 9.91%，且在 2014 年赶超东北地区；西部地区人工智能产业发展质量水平从 2009 年的 0.0111 增至 2018 年的 0.0248，提高 0.0137，年均增幅 9.33%；东北地区人工智能产业发展质量水平从 2009 年的 0.0172 增至 2018 年的 0.0185，提高 0.0013，年均增幅 0.81%，在样本考察期内呈波动上升态势，2013～2016 年出现回落态势，2017 年有所回升。

这一时期综合来看，我国人工智能产业发展质量水平存在明显的空间差异和地区不平衡现象。从各地区人工智能产业发展质量水平来看，东部地区最高，且处于全国平均水平之上，其次是中部和东北地区，最后是西部地区，中部、西部及东北地区人工智能产业发展质量水平明显低于全国平均水平；在人工智能产业发展质量水平增幅上，中部地区增幅最大，其次是西部地区，再次是东部地区，最后是东北地区。总体来说，全国整体人工智能产业发展

质量水平呈现东部 > 全国 > 中部 > 东北 > 西部的"东高西低"的空间分布格局，但年均增幅表现为中部 > 西部 > 全国 > 东部 > 东北，呈现中部、西部发展速度较快，东部、东北地区发展较慢的变化趋势。

从全国各省份看，2009 ~ 2018 年，除天津、吉林、黑龙江、上海、新疆人工智能产业发展质量水平起伏不定，整体呈下降趋势外，其他各省份人工智能产业发展质量水平均呈波动上升的总体态势。部分省份如广东、江苏、北京、山东、浙江、福建 6 个省份人工智能产业发展质量水平处于领先地位且增速较快，处于人工智能产业发展质量的快速发展阶段，这些省份主要分布在我国东部地区；部分省份如海南、青海、山西、贵州、内蒙古、广西、云南、湖南、甘肃、陕西、河北、宁夏 12 个省份现阶段人工智能产业发展质量水平较低，且增速较慢，仍处于人工智能产业发展质量的初步阶段，主要集中在中部、西部地区；部分省份如河南、安徽、江西现阶段人工智能产业发展质量水平较低，但增速较快，主要集中在中部地区。初始时期低于全国人工智能产业发展质量平均水平，而后实现持续赶超的省份包括湖北、四川、重庆。

从区域各省份看，处于同一地区的省份，其人工智能产业发展质量水平差异变大。东部地区人工智能产业发展质量整体呈上升趋势，年均增长 2.81%。如图 4 - 17 所示，2009 ~ 2018 年，广东从 0.1565 提高到 0.2234，年均增长 4.03%；江苏从 0.1122 提高到 0.1551，年均增长 3.66%；上海从 0.1116 降低至 0.1014，年均增长 - 1.05%；北京从 0.0885 提高到 0.0998，年均增长 1.34%；浙江从 0.0456 提高到 0.0752，年均增长 5.70%；山东从 0.0399 提高到 0.0661，年均增长 5.77%；福建从 0.0387 提高到 0.0629，年均增长 5.53%；天津从 0.0521 提高到 0.0459，年均增长 - 1.38%；河北从 0.0119 提高到 0.0133，年均增长 1.22%；海南从 0.0075 提高到 0.0097，年均增长 3.02%。总体来说，除上海人工智能产业发展质量起伏不定，略有下降，东部地区其他省份人工智能产业发展质量均呈上升趋势，与中国东部地区整体情况保持相对一致。除河北和海南外，东部地区其余省份人工智能产业发展质量均高于全国平均水平。其中广东、江苏、上海、北京、浙江 5 个省份人工智能产业发展质量远高于中国平均水平，这是由于随着"东部率先发展"战略的深入实施，东部地区信息通信、交通运输等基础设施不断完善，人力资本不断集聚，科技创新能力不断提升，促使东部地区形成以北京、上海国家新一代人工智能创新发展试验区为头部引领，以京津冀、长三角、粤港澳为代表的三大人工智能产业集聚区，加速东部地区人工智能企业集聚，市场不断优化，产业利润不断提高，进而推动东部省份人工智能产业发展质量不断提升。

中部地区人工智能产业发展质量整体呈上升趋势，年均增长 9.91%。如图 4 - 18 所示，2009～2018 年，湖北从 0.0209 提高到 0.0475，年均增长 9.52%；河南从 0.0127 提高到 0.0341，年均增长 11.60%；湖南从 0.0157 提高到 0.0353，年均增长 9.41%；安徽从 0.0136 提高到 0.0319，年均增长 9.98%；江西从 0.0144 提高到 0.0350，年均增长 10.37%。总体来说，中部地区人工智能产业发展质量均呈上升趋势，与中国中部地区整体情况保持相对一致，但普遍低于全国平均水平。按照数量关系大小排序为：全国 > 湖北 > 河南 > 湖南 > 安徽 > 江西 > 山西。

西部地区人工智能产业发展质量整体呈上升趋势，年均增长 9.33%。如图 4 - 19 所示，重庆从 0.0130 提高到 0.0639，年均增长 19.4%；四川从 0.0259 提高到 0.0745，年均增长 12.47%；广西从 0.0104 提高到 0.0256，年均增长 10.5%；贵州从 0.0092 提高到 0.0199，年均增长 8.89%；云南从 0.0081 提高到 0.0170，年均增长 8.64%；陕西从 0.0160 提高到 0.0290，年均增长 6.84%；甘肃从 0.0081 提高到 0.0103，年均增长 2.64%；宁夏从 0.0071 提高到 0.0077，年均增长 0.88%；青海从 0.0069 提高到 0.0074，年均增长 0.79%；内蒙古从 0.009 提高到 0.0092，年均增长 0.17%；新疆从 0.0082 提高到 0.0079，年均增长 -0.51%。总体来说，西部地区人工智能产业发展质量均呈上升趋势，与中国西部地区整体情况保持相对一致。除四川和重庆外，西部地区其余省份人工智能产业发展质量均低于全国平均水平。其中，重庆于 2013 年赶超中国平均水平，究其原因，重庆依托本地资源优势，通过市场招商、以商招商、产业链招商等渠道，引进腾讯、微软等人工智能相关企业，扩大人工智能产业市场，进而获得更多经济效益。

东北地区人工智能产业发展质量整体呈上升趋势，年均增长 0.81%。如图 4 - 20 所示，2009～2018 年，辽宁从 0.0247 提高到 0.0309，年均增长 2.53%；吉林从 0.0160 降低到 0.0145，年均增长 -1.08%；黑龙江从 0.0308

降低到 0.0100，年均增长 –0.89%。总体来说，东北地区各省份人工智能产业发展质量水平有略微下降趋势，且普遍低于全国平均水平。对此，可能的解释是，东北省份市场组织僵化，人工智能企业进入市场难度大，高端人才、技术、资本等资源在市场上的自由流通受阻，人工智能产业发展市场空间有限，阻碍了东北省份人工智能产业发展质量的提升。

（2）空间格局分析。

上述分析表明我国人工智能产业发展质量存在明显的空间差异及区域非均衡现象，整体呈现"东高西低"的空间分布格局。为进一步探析我国人工智能产业发展质量的空间分布特征，本书基于 2009 ~ 2018 年我国人工智能产业发展质量综合评价结果，运用 Arcgis 10.5 软件，采用 Jenks 自然断裂法对其进行聚类分析，以便更直观地解析我国人工智能产业发展质量的地区差异。根据 Jenks 自然断裂法分类结果，可将我国人工智能产业发展质量水平划分为高水平（1.1531 ~ 2.5033）、中高水平（0.5918 ~ 1.1530）、中低水平（0.2879 ~ 0.5917）、低水平（0.0950 ~ 0.2878）四个等级，具体分类结果见表 4 – 19。

表 4 – 19   我国人工智能产业发展质量水平等级划分

等级	省份	数量（个）	占比（%）
高水平	广东、江苏、上海	3	10.00
中高水平	北京、天津、山东、浙江、福建	5	16.67
中低水平	辽宁、河南、安徽、湖北、四川、重庆、湖南、江西	8	26.67
低水平	陕西、山西、宁夏、甘肃、青海、新疆、云南、贵州、内蒙古、广西、吉林、海南、黑龙江、河北	14	46.67

由表 4 – 19 可知，我国人工智能产业发展质量高水平发展等级的省份数量最少，包括广东、江苏、上海 3 个省份，占比 10%；中高水平发展等级的省份数量较少，包括北京、天津、山东、浙江、福建 5 个省份，占比 16.67%；中低水平发展等级的省份数量较多，包括四川、辽宁、河南、安

徽、湖北、重庆、江西、湖南 8 个省份，占比 26.67%；低水平发展等级的省份数量最多，包括宁夏、陕西、新疆、吉林、内蒙古、山西、甘肃、云南、贵州、青海、广西、黑龙江、海南、河北 14 个省份，占比 46.67%。结果表明，我国各省份人工智能产业发展质量水平多处于中低水平和低水平发展等级，高水平和中高水平发展等级较少，我国人工智能产业发展质量水平整体偏低。从空间分布特征看，2009~2018 年我国人工智能产业发展综合水平介于 0.0950~2.5033 之间，整体呈现"东高西低、中高南北低"的空间分布格局。东部地区人工智能产业发展质量处于高水平发展等级的省份有广东、江苏、上海 3 个省份，这 3 个省份是我国人工智能产业发展质量的第一梯队，处于中高水平发展等级的省份有北京、山东、浙江、天津、福建 5 个省份，处于低水平发展等级的省份有海南、河北 2 个省份；中部地区人工智能产业发展质量处于中低水平发展等级的省份有河南、安徽、湖北、湖南、江西 5 个省份，处于低水平发展等级的省份有山西 1 个省份；西部地区人工智能产业发展质量处于中低水平发展等级的省份有四川、重庆 2 个省份，处于低水平发展等级的省份有内蒙古、宁夏、青海、新疆、云南、贵州、陕西、广西、甘肃 9 个省份，西部地区是我国人工智能产业发展质量的"洼地"；东北地区人工智能产业发展质量处于中低水平发展等级的省份有辽宁 1 个省份，处于低水平发展等级的省份有黑龙江、吉林 2 个省份，这 3 个省份表现均欠佳。

4.5 本章小结

为解决多种单一评价方法评价结论非一致性问题，本章应用主客观评价方法相结合的组合评价方法对 2009~2018 年我国 30 个省份（限于资料的获取，本书不涉及西藏自治区及台湾、香港、澳门地区）人工智能产业发展水平进行综合评价。第一，选用熵值法、CRITIC 法、集值迭代法、群组 G1 法四种单一评价方法对人工智能产业发展水平进行综合评价，得到单一评价结果，并对其进行事前 Kendall 一致性检验，检验单一评价方法的一致性；第二，运用基尼准则法、模糊 Borda 法、偏差平方最小法三种组合评价方法，并对其进行事后 Spearman 一致性检验，检验组合评价方法与单一评价方法的一致性；第三，利用相对有效性系数判别组合评价方法的有效性，根据检验结果，本书选用基尼准则法评价结果作为最终评价结果；第四，采用三重差异驱动法进行时序加权，计算我国人工智能产业发展的综合评价值；第五，根据上述评价结果，从总体及分维度视角对我国人工智能产业发展进程及变化趋势展开分析，研究结论如下：

（1）通过对我国人工智能产业总体分析可知，从时序变化角度分析，就全国及"四大板块"层面而言，全国及东部、中部、西部、东北"四大板块"人工智能产业发展水平均呈波动上升态势，年均增幅分别为 9.37%、7.91%、15.78%、11.89%、9.37%，呈现中部 > 西部 > 全国 > 东部 > 东北的增长态势；就各省份层面而言，全国各省份人工智能产业发展水平均呈波动上升的总体态势，同一区域的省份人工智能发展水平差异变大，不具有趋同性。从空间分布格局角度分析，我国人工智能产业发展综合水平介于 0.1732 ~ 7.9086 之间，我国人工智能产业发展水平偏低，多处于中低水平和低水平发展等级，高水平和中高水平发展等级较少，整体呈现"东部领先、中部追赶、东北及西部落后"的空间分布格局。

（2）通过对我国人工智能产业分维度分析可知，从时序变化角度分析，就全国及"四大板块"层面而言，全国及"四大板块"人工智能产业发展基础、产业发展动力、产业发展质量均呈波动上升趋势，均表现为中部 > 西部 > 全国 > 东部 > 东北的增长态势；就各省份层面而言，全国各省份人工智能产业发展基础均呈波动上升的总体态势，人工智能产业发展动力水平除海南、甘肃、青海、新疆、内蒙古 5 个省份呈下降趋势外，其他省份均呈波动增长的趋势，人工智能产业发展质量水平除天津、吉林、黑龙江、上海、新疆呈下降趋势外，其他省份均呈波动上升态势。从空间分布格局角度分析，我国人工智能产业发展基础及产业发展质量均呈现"东高西低、中高南北低"的空间分布格局，而人工智能产业发展动力则呈现"东部高、中西东北部低"的空间分布格局。

第 5 章
我国人工智能产业发展的空间格局演变

第 4 章综合评价结果表明，我国人工智能产业地域差异化明显，具体表现为东部地区人工智能产业发展水平最高，中部和东北地区次之，西部地区最低，反映了我国人工智能产业发展存在空间非均衡现象且呈现出一定的空间分布规律。为深入考察我国人工智能产业发展的空间分布特征，识别人工智能产业发展区域间集聚模式，探究其区域分布特征，本章基于新经济地理学理论，采用探索性空间数据分析方法对 2009～2018 年我国人工智能产业空间相关性进行测度，探究各省域人工智能产业发展的空间相互作用及关联格局。这有助于打破人工智能产业发展的行政边界壁垒，建立"智者求同"的人工智能产业合作交流机制，完善高值集聚地区与低值集聚地区生产要素的转移、流动和扩散，从而为优化我国人工智能产业高质量发展的空间布局，推动区域人工智能产业高质量协调发展提供决策依据。

5.1 研究方法

探索性空间数据分析（ESDA）方法是一种以空间关联性测度为核心的空间统计分析方法，它通过研究对象空间位置构建数据间的相关关系，进而描述和揭示研究对象的空间依赖性及空间异质性特征（张仁杰、董会忠，2020），主要包括空间权重矩阵设定、全局空间自相关分析和局部空间自相关分析。

5.1.1 空间权重矩阵的设定

空间权重矩阵是空间邻接性的定量化测度，反映了空间单元之间的相互依赖性与关联程度，是空间自相关研究的基石。根据不同的空间权重矩阵构建原则，可以将其划分为地理空间权重矩阵、经济空间权重矩阵和地理经济嵌套权重矩阵三类。

5.1.1.1 地理空间权重矩阵

地理空间权重矩阵可分为邻接空间权重矩阵和距离空间权重矩阵两类。

（1）邻接空间权重矩阵假定空间相互作用取决于地区间的相邻关系，即根据两地之间是否存在公共非零的共同边界，判断两地之间是否存在空间相互作用，主要包括三种类型，分别为象邻接、后邻接和车邻接。象邻接是指顶点相邻，即区域 i 和区域 j 有共同的顶点但没有共同的边；后邻接是指边界或顶点相邻，即区域 i 和区域 j 有共同的顶点或者共同的边；车邻接是指边界相邻，即区域 i 和区域 j 有共同的边。邻接空间权重矩阵 W 设置原则如下：

$$W_{ij} = \begin{cases} 1, & \text{当区域 } i \text{ 和区域 } j \text{ 相邻} \\ 0, & \text{当区域 } i \text{ 和区域 } j \text{ 不相邻或 } i = j \end{cases} \tag{5-1}$$

其中，$i = 1, 2, \cdots, n$，$j = 1, 2, \cdots, n$，n 为观测单位个数。

（2）距离空间权重矩阵

邻接空间权重矩阵仅考虑了地区之间的相邻关系，忽略了地理位置上不相邻地区之间的相互影响。而距离空间权重矩阵充分考虑了地理距离因素对空间交互作用的影响，将地区间的质心距离引入空间权重矩阵，认为距离越远的地区对该地区的影响小于距离越近的地区，利用距离的递减函数来定义地理单元之间的距离，包括距离的倒数 $1/d_{ij}$、距离平方的倒数 $1/d_{ij}^2$、负指数距离 $\exp(-\beta d_{ij})$ 等，其一般化表达公式为：

$$W_{ij} = \begin{cases} d_{ij}^{-a} - \beta_{ij}^b, & \text{当 } i \neq j \\ 0, & \text{当 } i = j \end{cases} \tag{5-2}$$

当 $a = 1$，$b = 0$ 时，得到距离空间权重矩阵如下：

$$W_{ij} = \begin{cases} \dfrac{1}{d_{ij}}, & \text{当 } i \neq j \\ 0, & \text{当 } i = j \end{cases} \qquad (5-3)$$

5.1.1.2 经济空间权重矩阵

地理因素并非是产生空间效应的唯一因素（任英华等，2015），在地区经济发展过程中，不同地区间的经济联系不仅仅与空间地理因素有关，还与空间单元间的经济发展水平密切相关。因此在空间权重矩阵设置过程中，还可以将地区之间的经济差距纳入空间权重矩阵的考虑范畴，构建经济空间权重矩阵，一般根据地区间人均 GDP 差值绝对值的倒数设定，两地人均 GDP 差距越大，权重越小，其一般形式如下：

$$W_{ij} = \begin{cases} \dfrac{1}{|\bar{y}_i - \bar{y}_j|}, & \text{当 } i \neq j \\ 0, & \text{当 } i = j \end{cases} \qquad (5-4)$$

其中，$\bar{y}_i$、$\bar{y}_j$ 分别为 2009～2018 年第 i、j 地区人均 GDP 的平均值。

5.1.1.3 地理经济嵌套矩阵

上述空间权重矩阵设定仅单独考虑了地理因素和经济因素的空间交互影响，然而现实中省域间的关联效应可能受地理因素和经济因素的双重影响。因此，借鉴邵帅等（2016）、韩峰等（2019）的研究，本书对基于地理信息构建的空间权重矩阵和基于经济信息的空间权重矩阵进行加权，构建基于地理经济信息的空间嵌套权重矩阵，以便准确刻画空间效应的复杂性，其一般表达式如下：

$$W_{ij} = \mu W^G + (1-\mu) W^E \qquad (5-5)$$

其中，W^G 是基于经济信息的空间权重矩阵，W^E 是基于地理信息构建的空间权重矩阵，μ 是经济空间权重矩阵的相对重要程度，为简化分析，本书 μ 取值为 0.5。

5.1.2 全局空间自相关

全局空间自相关主要考察研究对象在区域整体的空间分布特征，从整体上衡量研究对象空间依赖程度及空间分散程度，常用度量指标包括 Moran's I 指数和 Geary 统计量。与 Geary 统计量相比，Moran's I 指数使用最为广泛，且度量结果更为准确，故本书采用 Moran's I 指数判断研究对象总体的空间关联及差异程度，其计算公式为：

$$Moran's\ I = \frac{n \sum\limits_{i=1}^{n} \sum\limits_{j=1}^{n} W_{ij}(x_i - \bar{x})(x_j - \bar{x})}{\sum\limits_{i=1}^{n} \sum\limits_{j=1}^{n} W_{ij} \sum\limits_{i=1}^{n} (x_i - \bar{x})^2} \tag{5-6}$$

其中，W_{ij} 为距离空间权重矩阵；n 为研究对象总数；x_i、x_j 分别表示研究区域内空间单元 i、j 的观测值；$\bar{x}$ 表示研究对象观测值的平均值，$\bar{x} = \frac{1}{n} \sum\limits_{i=1}^{n} x_i$。Moran's I 指数取值范围介于 $[-1, 1]$，当 $Moran's\ I = 0$ 时，表明研究区域内各空间单元的观测值在空间上随机分布、相互独立，不存在空间相关性；当 $Moran's\ I > 0$ 时，表明研究邻接空间单元间存在空间正相关关系，其值越趋近于 1，表明邻接空间单元间空间正相关性越强，观测值集聚程度越高；当 $Moran's\ I < 0$ 时，表明研究邻接空间单元间存在空间负相关关系，其值越趋近于 -1，表明邻接空间单元间空间负相关性越强，观测值离散程度越高。

根据 Moran's I 指数度量结果，通常采用正态分布假设检验其显著性水平，假设研究区域内各空间单元的观测值不存在空间相关性，相应 Z 统计量公式为：

$$Z = \frac{Moran's\ I - E(I)}{\sqrt{VAR(I)}} \tag{5-7}$$

其中，$E(I)$ 为 Moran's I 指数的期望值，$E(I) = -\frac{1}{n-1}$；$VAR(I)$ 为 Moran's I 指数的方差，$VAR(I) = \frac{n^2 W_1 + n W_2 + 3 W_0^2}{W_0^2 (n^2 - 1)} - E^2(I)$，$W_0 = \sum\limits_{i=1}^{n} \sum\limits_{j=1}^{n} W_{ij}$，$W_1 = \frac{1}{2} \sum\limits_{i=1}^{n} \sum\limits_{j=1}^{n} (W_{ij} + W_{ji})^2$，$W_2 = \sum\limits_{i=1}^{n} \sum\limits_{j=1}^{n} (W_{i.} + W_{.j})^2$，$W_{i.} = \sum\limits_{j=1}^{n} W_{ij}$，$W_{.j} = \sum\limits_{i=1}^{n} W_{ij}$。在 $p = 0.05$ 的显著性水平下，拒绝研究区域内各空间单元的观测值不存在空间相关性的原假设，即区域内各空间单元的观测值存在空间相关性。

5.1.3　局部空间自相关

全局空间自相关在空间同质性假设条件下对研究区域整体的空间关联模式进行描述，忽视了空间不稳定性对局部地区空间关联模式的潜在影响。因此，当全局空间自相关性不显著时，可能存在部分空间单元局部相关；当全局空间自相关性显著时，可能存在部分空间单元呈随机分布。针对全局空间自相关很难发现局部空间单元空间关联模式的问题，需采用局部空间自相关考察局部空间单元观测值与邻近单元的相关程度，揭示局部地区间的集聚和离散程度。考察局部空间自相关一般采用局部 Moran's I 指数，计算公式为：

$$Moran's\ I_i = \frac{n(x_i - \bar{x})\sum\limits_{j=1}^{n} W_{ij}(x_j - \bar{x})}{\sum\limits_{i=1}^{n} (x_i - \bar{x})^2} = z_i \sum\limits_{j=1}^{n} W_{ij} z_j \qquad (5-8)$$

其中，z_i、z_j 分别为研究区域内空间单元 i、j 的方差标准化值，W_{ij} 为空间权重。在 $Moran's\ I_i > 0$ 的条件下，若 $z_i > 0$，则表明空间单元 i 与邻近空间单元人工智能产业发展水平都相对较高，属于高 - 高集聚类型，若 $z_i < 0$，则表明空间单元 i 与邻近空间单元人工智能产业发展水平都相对较低，属于低 - 低集聚类型；在 $Moran's\ I_i < 0$ 的条件下，若 $z_i > 0$，则表明空间单元 i 人工智能产业发展水平远高于邻近空间单元，属于高 - 低集聚类型，若 $z_i < 0$，则表明空间单元 i 人工智能产业发展水平远低于邻近空间单元，属于低 - 高集聚类型。

5.2　全局空间分异格局演变

考虑到空间权重矩阵设定形式的不同会对全局空间自相关度量结果产生不同程度的影响，因此本书综合运用距离空间权重矩阵、经济空间权重矩阵和地理经济嵌套权重矩阵三种类型的空间权重矩阵，并借助 STATA 15.0 软件测算全局 Moran's I 指数，从而对 2009～2018 年我国人工智能产业发展水平的全局空间相关性进行检验，计算结果如表 5 - 1 所示。为直观反映我国人工智能产业发展水平全局 Moran's I 指数的变化趋势，根据测算结果绘制成折线图，结果如图 5-1 所示。

表 5-1   2009~2018 年我国人工智能产业发展水平的全局 Moran's I 指数

年份	距离空间权重矩阵			经济空间权重矩阵			地理经济嵌套权重矩阵		
	Moran's I	z	p	Moran's I	z	p	Moran's I	z	p
2009 年	0.013	1.514	0.065	0.226	2.666	0.004	0.120	2.976	0.001
2010 年	0.016	1.596	0.055	0.222	2.616	0.004	0.119	2.954	0.002
2011 年	0.011	1.456	0.073	0.190	2.320	0.010	0.100	2.633	0.004
2012 年	0.013	1.511	0.065	0.168	2.074	0.019	0.091	2.418	0.008
2013 年	0.017	1.629	0.052	0.175	2.143	0.016	0.096	2.519	0.006
2014 年	0.019	1.676	0.047	0.184	0.215	0.013	0.101	2.601	0.005
2015 年	0.017	1.640	0.050	0.146	1.865	0.031	0.081	2.260	0.012
2016 年	0.017	1.701	0.044	0.126	1.734	0.041	0.071	2.155	0.016
2017 年	0.012	1.561	0.059	0.116	1.654	0.049	0.064	2.038	0.021
2018 年	0.009	1.495	0.068	0.107	1.582	0.057	0.058	1.950	0.026

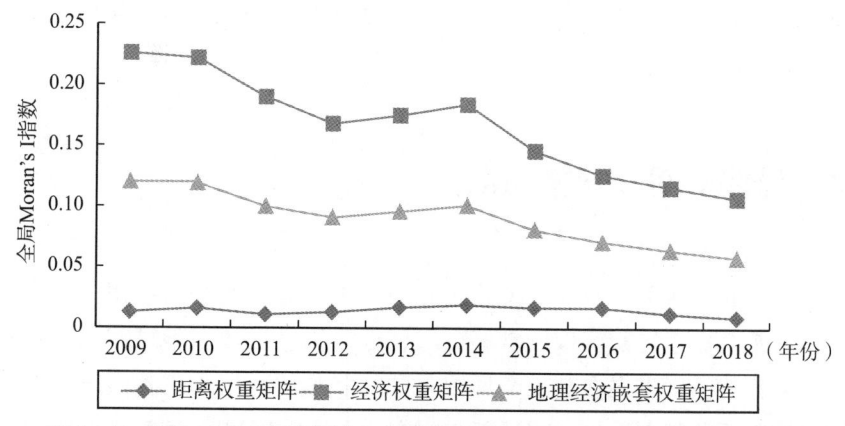

图 5-1   2009~2018 年我国人工智能产业发展水平的全局 Moran's I 指数

表 5-1 报告了 2009~2018 年我国人工智能产业发展水平的全局 Moran's I 指数测度结果。由表 5-1 可知，无论是在距离空间权重矩阵还是经

济空间权重矩阵或者是地理经济嵌套权重矩阵下，我国人工智能产业发展的全局 Moran's I 指数均通过 10% 的显著性水平检验，在距离空间权重矩阵下，全局 Moran's I 指数介于 0.009 ~ 0.019 之间，在经济空间权重矩阵下，全局 Moran's I 指数介于 0.107 ~ 0.226 之间，在地理经济嵌套权重矩阵下，全局 Moran's I 指数介于 0.058 ~ 0.120 之间。在距离空间权重矩阵、经济空间权重矩阵、地理经济嵌套权重矩阵下的全局 Moran's I 指数均表明我国人工智能产业发展存在空间正相关性，全局空间集聚效应显著，说明样本考察期内我国人工智能产业发展水平的分布在省域尺度上存在一定的相关性，具体表现为人工智能产业发展水平较高的省域在空间上集聚，人工智能产业发展水平较低的省域在空间上集聚。因此，考察我国人工智能产业发展水平的变化及影响因素时不能忽略空间效应的存在。

图 5 - 1 展现了 2009 ~ 2018 年我国人工智能产业发展水平全局 Moran's I 指数测度结果的波动趋势。由图 5 - 1 可知，2009 ~ 2018 年我国人工智能产业发展的全局 Moran's I 指数总体呈现"减小—增大—减小"的波动趋势，说明我国人工智能产业发展进程相似省域间的空间正相关性有所减弱，全局空间集聚程度呈下降趋势。究其原因，由于各地区人工智能产业发展基础、起步时间和发展增速不同，各省份人工智能产业发展的差异性在不断扩大，导致 Moran's I 指数总体上呈逐步下降趋势，但到 2018 年仍具有较强的空间正相关性，表明我国人工智能产业发展的全局空间集聚现象较为稳定。

5.3 局部空间分异格局演变

全局空间自相关分析反映了我国省域人工智能产业空间自相关的整体情况，但通常会掩盖局部区域的空间分布特征。为进一步探索局部空间单元空间关联演化特征，本书在利用全局 Moran's I 指数对我国人工智能产业发展空间相关性分析的基础上，引入局部空间自相关，采用局部 Moran's I 指数刻画人工智能产业发展的局部差异性，并通过 LISA 集聚图衡量局部区域空间关联关系的显著性，以便直观反映我国人工智能产业发展的空间异质性演变格局。

5.3.1　Moran 散点图分析

表 5 – 2、表 5 – 3 和表 5 – 4 分别报告了距离空间权重矩阵、经济空间权重矩阵、地理经济嵌套权重矩阵下 2009 年、2012 年、2015 年和 2018 年我国人工智能产业发展 Moran 散点图的空间分布情况。

表 5 – 2　　　距离空间权重矩阵下我国各省份人工智能产业发展空间关联类型

年份	高 – 高关联类型 （第一象限）	低 – 高关联类型 （第二象限）	低 – 低关联类型 （第三象限）	高 – 低关联类型 （第四象限）
2009	上海、天津、浙江、江苏、山东、福建	河南、河北、湖北、海南、安徽、江西、广西、湖南	内蒙古、山西、吉林、甘肃、黑龙江、重庆、贵州、云南、新疆、陕西、青海、四川、宁夏	辽宁、广东、北京
2012	上海、天津、浙江、江苏、山东、福建	湖南、河北、江西、河南、广西、湖北、海南、安徽、吉林	内蒙古、陕西、重庆、云南、四川、山西、贵州、甘肃、青海、宁夏、黑龙江、新疆	辽宁、北京、广东
2015	浙江、天津、江苏、上海、福建、山东、湖北	广西、河北、海南、湖南、安徽、辽宁、江西、河南	黑龙江、重庆、贵州、内蒙古、云南、陕西、新疆、甘肃、山西、宁夏、青海、吉林	四川、广东、北京
2018	浙江、上海、安徽、福建、江苏、湖北、山东	广西、天津、海南、江西、河南、湖南、云南、辽宁、贵州	内蒙古、河北、陕西、甘肃、山西、青海、宁夏、吉林、黑龙江、新疆	重庆、北京、广东、四川

表 5 – 3　　　经济空间权重矩阵下我国各省份人工智能产业发展空间关联类型

年份	高 – 高关联类型 （第一象限）	低 – 高关联类型 （第二象限）	低 – 低关联类型 （第三象限）	高 – 低关联类型 （第四象限）
2009	北京、天津、辽宁、上海、江苏、浙江、山东	内蒙古	河北、山西、吉林、黑龙江、安徽、江西、河南、湖北、湖南、广西、海南、重庆、四川、贵州、云南、陕西、甘肃、青海、宁夏、新疆	福建、广东

续表

年份	高－高关联类型 （第一象限）	低－高关联类型 （第二象限）	低－低关联类型 （第三象限）	高－低关联类型 （第四象限）
2012	北京、上海、江苏、浙江、山东、天津、辽宁	内蒙古	河北、吉林、河南、湖北、湖南、广西、海南、重庆、四川、贵州、云南、陕西、甘肃、青海、宁夏、新疆、黑龙江、安徽、山西、江西	福建、广东
2015	北京、天津、上海、江苏、浙江、山东	内蒙古、辽宁	吉林、黑龙江、河北、山西、安徽、江西、河南、湖南、广西、海南、重庆、贵州、云南、陕西、甘肃、青海、宁夏、新疆	福建、湖北、广东、四川
2018	北京、上海、江苏、浙江、安徽、山东	天津、内蒙古、辽宁	河北、山西、吉林、黑龙江、江西、河南、湖南、广西、海南、贵州、云南、陕西、甘肃、青海、宁夏、新疆	福建、湖北、广东、重庆、四川

表5－4　　地理经济嵌套权重矩阵下我国各省份人工智能产业发展空间关联类型

年份	高－高关联类型 （第一象限）	低－高关联类型 （第二象限）	低－低关联类型 （第三象限）	高－低关联类型 （第四象限）
2009	北京、天津、辽宁、上海、江苏、福建、山东、浙江	内蒙古	河北、吉林、黑龙江、山西、安徽、江西、河南、湖北、湖南、广西、海南、重庆、四川、贵州、云南、陕西、甘肃、青海、宁夏、新疆	广东
2012	北京、上海、江苏、浙江、山东、天津、辽宁、福建	内蒙古、安徽	河北、吉林、河南、湖北、湖南、广西、海南、重庆、四川、贵州、云南、陕西、甘肃、青海、宁夏、新疆、黑龙江、江西、山西	广东
2015	北京、上海、江苏、浙江、福建、天津、山东	内蒙古、辽宁、安徽	河北、江西、山西、吉林、河南、湖南、黑龙江、广西、贵州、云南、陕西、甘肃、青海、宁夏、新疆、海南、重庆	湖北、广东、四川
2018	北京、上海、江苏、浙江、山东、安徽、福建	天津、内蒙古、辽宁、江西	河北、吉林、广西、海南、黑龙江、河南、贵州、云南、陕西、甘肃、青海、宁夏、新疆、山西、湖南	湖北、广东、重庆、四川

由表5－2、表5－3和表5－4可知，在距离空间权重矩阵下，2009年、

2012 年、2015 年、2018 年位于第一、第三象限的省份占比分别为 63.33%、60.00%、66.67%、60.00%，在经济空间权重矩阵下，2009 年、2012 年、2015 年、2018 年位于第一、第三象限的省份占比分别为 90.00%、90.00%、80.00%、73.33%，在地理经济嵌套权重矩阵下，2009 年、2012 年、2015 年、2018 年位于第一、第三象限的省份占比分别为 90.00%、90.00%、80.00%、73.33%。由不同空间权重矩阵下的 Moran 散点图可知，我国省份人工智能产业发展的局部空间正相关关系显著，值得注意的是，大部分省份集中在第一、第三象限，表现为正向的空间相关性，而少数省份落在第二、第四象限，表现为负向的空间相关性，且处于低 – 低关联类型的省份数量远高于高 – 高关联类型省份。此外，从空间分布模式的动态发展趋势可知，低 – 低关联类型的省份数量逐年下降，高 – 高关联类型的省份略有上升，低 – 高关联类型和高 – 低关联类型的省份数量均有所增加，结果证实我国人工智能产业发展空间正相关性有所减弱，但区域省份人工智能产业高水平集聚效应增强。

鉴于三种权重矩阵下，各省份空间关联特征变化较小，本书仅分析在距离空间权重矩阵下我国各省份人工智能产业发展的空间格局演变趋势。由表 5 – 2 可知，2009 ~ 2018 年始终位于第一象限的省份均集中在东部沿海地区，包括上海、江苏、浙江、福建、山东，属于高 – 高关联类型，其人工智能产业发展水平与邻近地区均相对较高。东部沿海地区地处改革开放前沿，是诸多改革的试验田和示范区，一方面便利的交通、良好的通信基础设施建设、发达的科学技术水平为东部沿海地区人工智能产业发展奠定良好基础，另一方面"加快经济结构调整和产业转型升级"为东部沿海地区加大科技创新投入力度、扶持人工智能产业发展提供政策依据。由此，人工智能产业发展水平较高的省份在此集聚，并对邻近省份人工智能产业的发展具有一定的空间溢出效应。天津于 2018 年跌入低 – 高关联类型区；湖北、安徽分别于 2015 年、2018 年由低 – 高关联类型区升入高 – 高关联类型区。虽然与东部沿海地区相比，安徽经济发展水平较弱，但其高度重视人工智能产业发展，于 2017 年发布《安徽省人工智能产业发展规划（2017—2025 年）》，致力打造"一核两区多点"的人工智能产业布局，这一定程度上加快了安徽人工智能产业的发展，促使其在 2018 年进入高 – 高关联类型区域。

2009～2018 年始终位于第二象限的省份均集中在中部地区，包括江西、河南、湖南、广西、海南，属于低－高关联类型，其人工智能产业发展水平与邻近省份相比相对较低。江西、河南、湖南、广西、海南各省份人工智能产业起步较晚，产业发展整体水平较低，且与山东、浙江、广东等人工智能产业发展水平较高的省份相邻，由此形成了高值包围低值的人工智能产业发展洼地。河北于 2018 年跌入低－低关联类型区；吉林于 2012 年短暂进入低－高关联类型区，又于 2015 年回到低－低关联类型区；辽宁于 2015 年由高－低关联类型区进入低－高关联类型区。与处在第二象限的其他省份相比，吉林、辽宁人工智能产业发展的空间关联模式波动较大，对此可能的解释是，由于传统产业升级、资源枯竭等问题，东北地区积极探索传统产业与新兴产业发展的均衡点，发展以人工智能产业为核心的新兴产业，但由于吉林、辽宁人工智能产业发展还处于发展初期，规模较小，发展后劲较弱，导致人工智能产业发展的空间波动较大。

2009～2018 年始终位于第三象限的省份主要集中在中部、西部地区，包括黑龙江、山西、贵州、云南、新疆、甘肃、陕西、宁夏、内蒙古、青海，属于低－低关联类型，其人工智能产业发展水平与邻近省份均相对较低。中部、西部地区人工智能产业发展存在天然劣势，一方面国家政策对东部地区的长期倾斜加大了东部、中部、西部地区发展差异，另一方面中部、西部地区受制于自然资源及科技创新要素，大多发展资源型产业，产业结构不优，产业层次较低，人工智能产业推进缺乏必要的物质基础。此外，东部沿海地区人工智能产业发展的扩散效应和涓滴作用未有效发挥，中部、西部地区缺乏人工智能产业高水平地区的带动。由此，中部、西部地区人工智能产业发展水平均较低，在空间上形成人工智能产业发展的低－低邻接类型区。云南于 2018 年进入低－高关联类型区，究其原因，样本考察期内，云南人工智能产业发展相对平稳，涨幅不大，而邻近省份四川发展速度较快，从而形成低值被高值环绕的低－高关联类型区。

2009～2018 年始终位于第四象限的省份包括北京和广东，属于高－低关联类型，其人工智能产业发展水平与邻近省份相比相对较高。北京依托中科院等一系列高端科研机构，已成为人工智能创业集聚中心；广东依靠华为、腾讯等人工智能高新技术企业，实现科研与应用相结合，促使人工智能产业发展进入"快车道"。但值得注意的是，北京、广东人工智能产业发展的空间溢出效应较弱，尚未带动邻近地区同速发展，由此形成高 - 低关联类型区。四川、重庆分别于 2015 年、2018 年由低 - 低关联类型区升入高 - 低关联类型区。重庆作为一个以工业立市的城市，推进"智能制造"是产业转型发展和实现重庆高质量发展的必由之路，因此重庆高度重视人工智能产业发展布局，引入腾讯、科大讯飞、浪潮等人工智能"独角兽"企业，为助力重庆智慧城市建设、企业数字化转型提供重要支撑，促使重庆成为中部人工智能产业发展高地，形成高 - 低关联类型分布区。

5.3.2 LISA 集聚图分析

2009～2018 年我国人工智能产业发展的 Moran 散点图有效区分了各空间单元的空间关联类型，有助于发现偏离全局正相关趋势的非典型观测区域。为进一步反映局部空间单元空间关联程度，衡量空间关联关系的显著性，运用 Arcgis 10.5 输出 2009 年、2012 年、2015 年、2018 年我国人工智能产业发展的 LISA 集聚图，同时为更清晰地展示我国人工智能产业发展水平的空间格局变动情况，将 LISA 集聚图绘制成表，结果如表 5 - 5 所示。

表 5 - 5　　　距离权重矩阵下我国各省份人工智能产业发展空间集聚类型

年份	高 - 高集聚	低 - 高集聚	低 - 低集聚	高 - 低集聚
2009 年	上海、浙江、福建	安徽、海南	陕西、甘肃、青海、宁夏、新疆	—
2012 年	上海、浙江、福建	安徽	四川、甘肃、青海、宁夏、新疆	—
2015 年	上海、浙江、福建	安徽、江西、海南	甘肃、青海、宁夏、新疆	—
2018 年	上海、浙江、福建、安徽	江西、湖南、海南	甘肃、青海、宁夏、新疆	—

LISA 集聚图清晰地刻画了通过显著性检验的局部空间自相关区域。由表 5 - 5 可知，2009～2018 年通过显著性检验的省份人工智能产业发展的空

间集聚模式变化稳定。通过显著性检验的高－高集聚区从上海、浙江、福建3个省扩大到上海、浙江、福建、安徽4个省，这表明人工智能产业发展高水平地区对邻近省份的空间辐射作用由弱变强。通过显著性检验的低－低集聚区从5个减少到4个，说明具有较低人工智能产业发展水平的省份，且能通过空间邻近关系影响周围地区的省份逐年减少，人工智能产业低水平集聚现象减弱。通过显著性检验的低－高集聚区从2个增加到3个，这表明样本考察末期我国人工智能产业发展的空间异质程度增强，部分地区自身人工智能产业发展较为落后，且受邻近高－高集聚区影响小，在空间中呈现空间分异特征。

从时空演变趋势看，2009年上海、浙江、福建高－高型空间集聚分布模式显著，与邻近省份的人工智能产业建设水平的相似度高，都为高－高集聚区，其区位特征明显、资源优势突出，产业辐射引领作用较强；新疆、甘肃、青海、宁夏、陕西、四川都呈现显著的低－低型空间集聚分布模式，说明这些地区与邻近省份人工智能产业建设水平均较低且增速较慢；安徽、海南呈现显著的低－高型空间集聚分布模式，说明安徽和海南人工智能产业建设水平远低于邻近省份。2012年各省份中，低－高集聚区域减少，只有安徽显著存在低－高型空间集聚分布特征。四川替代陕西成为显著的低－低集聚区域。随着时间的推移，2015年低－低集聚区进一步减少，其中四川退出低－低集聚区，而低－高集聚区的省份则有所增加，江西、海南成为显著的低－高集聚区。2018年高－高集聚区有所增加，安徽跃迁成为高－高集聚区，湖南替代安徽成为显著的低－高集聚区。

综上可知，我国各省份人工智能产业发展水平呈显著不均衡分布特征，空间同质性显著，但在考察末期空间异质性有所增强。在通过显著性检验的省份中，处在空间同质性区域的省份主要出现在以上海、浙江、福建为核心的东部沿海地区和以新疆、甘肃、青海、宁夏、陕西、四川为核心的中部、西部地区。前者是人工智能产业发展的高－高集聚区，后者是人工智能产业发展低－低集聚区。处在空间异质性区域的省份主要出现在安徽、湖南、江西和海南，且均呈现低－高集聚的空间集聚类型。

5.4 本章小结

本章应用探索性空间数据分析方法探究我国人工智能产业发展演进过程中的空间集聚模式。首先，构建了距离空间权重矩阵、经济空间权重矩阵、地理经济嵌套权重矩阵三种类型的空间权重矩阵；其次，运用全局 Moran's I 指数考察人工智能产业在整个区域内的关联特征及空间依赖性；最后，利用局部 Moran's I 指数刻画各省份人工智能产业发展的局部空间关联格局，并通过 LISA 集聚图剖析局部区域的人工智能产业发展是否存在空间同质性以及空间关联关系的显著性。研究表明：

（1）全局 Moran's I 指数测算结果可知，三种空间权重矩阵下，我国人工智能产业发展的全局 Moran's I 指数均通过 10% 的显著性水平检验，我国人工智能产业发展存在空间正相关性，全局空间集聚程度总体呈现"减小—增大—减小"的波动下降趋势，说明我国人工智能产业发展进程相似省份间的空间正相关性有所减弱，全局空间集聚程度呈下降趋势。

（2）Moran 散点图测算结果表明，我国省份人工智能产业发展的局部空间正相关关系显著，且以低－低关联类型分布为主，主要集中在中部、西部地区。样本考察期内，低－低关联类型的省份数量逐年下降，高－高关联类型的省份略有上升，低－高关联类型和高－低关联类型的省份数量均有所增加，结果证实我国人工智能产业发展空间正相关性有所减弱，但区域省份人工智能产业高水平集聚效应增强。

（3）LISA 集聚图分析结果表明，我国省份人工智能产业发展水平呈显著不均衡分布特征，空间同质性显著，但在考察末期空间异质性有所增强，在空间分布上形成了以上海、浙江、福建为核心辐射长三角及周边地区的高－高集聚区和以新疆、甘肃、青海、宁夏、陕西、四川为核心的低－低集聚区。

第 6 章
我国人工智能产业发展的区域差异测度

第 5 章研究结果表明，我国人工智能产业发展呈现出显著不均衡分布特征，在空间分布上形成了以上海、浙江、福建为核心辐射长三角及周边地区的高－高集聚区和以新疆、甘肃、青海、宁夏、陕西、四川为核心的低－低集聚区，这反映了我国人工智能产业发展存在一定空间非均衡特征。为精准揭示我国人工智能产业发展相对差异及其主要来源，本章基于区域非均衡发展理论，运用 Dagum 基尼系数考察 2009～2018 年全国省域及"四大板块"人工智能产业发展的区域差异，利用其分解方法将总体差异分解为地区间差异、地区内差异及超变密度，探寻人工智能产业发展差异的主要来源，并采用 σ 收敛指数探究我国人工智能产业发展差异的收敛性，进而为构建人工智能产业区域合作机制，实现人工智能产业一体化发展提供决策依据。这有助于考察"四大板块"区域间和区域内非均衡性对我国人工智能产业发展总体差异的影响程度，揭示我国人工智能产业发展区域差异的变化及未来发展趋势，从而为政府制定区域人工智能产业发展政策、实现全局框架下人工智能产业协同发展提供重要参考依据。

6.1 研究方法

6.1.1 Dagum 基尼系数

Dagum 基尼系数是一种广泛运用于测度地区差异的方法。基尼系数依据子群分解方法可将总体差异分解为区域内差异、区域间差异和超变密度（吕承超、崔悦，2020）。按子群分解的 Dagum 基尼系数充分考虑了子群间的分布状况，有效解决了样本数据间的交叉重叠现象，正确识别了总体差异的来源及贡献问题，克服了传统基尼系数和 Theil 指数的局限（马玉林等，2020）。Dagum 基尼系数具体计算公式如下：

$$G = \frac{1}{2n^2\mu} \sum_{j=1}^{k} \sum_{h=1}^{k} \sum_{i=1}^{n_j} \sum_{r=1}^{n_h} |y_{ji} - y_{hr}| \qquad (6-1)$$

其中，n 为总样本个数，k 为子群个数，j 和 h 分别表示总样本中的任意一个子群，n_j 和 n_h 为 j 和 h 组内样本个数，μ 是人工智能产业评价值的平均值，y_{ji} 和 y_{hr} 分别表示 j 和 h 子群中任意样本的人工智能产业评价值。

基尼系数深入考虑了样本数据的重叠交叉，因此基尼系数将总体差异分解为三个部分，一是区域内差异（G_W），二是区域间差异（G_{nb}），三是超变密度（G_t）（Dagum，1997），即 $G = G_W + G_{nb} + G_t$，具体计算公式如下：

$$G_{jj} = \frac{\frac{1}{2\mu_j} \sum_{i=1}^{n_j} \sum_{r=1}^{n_j} |y_{ji} - y_{jr}|}{n_j^2} \qquad (6-2)$$

$$G_W = \sum_{j=1}^{k} G_{jj} p_j s_j \qquad (6-3)$$

$$G_{jh} = \frac{\sum_{i=1}^{n_j} \sum_{r=1}^{n_h} |y_{ji} - y_{hr}|}{n_j n_h (\mu_j + \mu_h)} \qquad (6-4)$$

$$G_{nb} = \sum_{j=2}^{k} \sum_{h=1}^{j-1} G_{jh} (p_j s_h + p_h s_j) D_{jh} \qquad (6-5)$$

$$G_t = \sum_{j=2}^{k} \sum_{h=1}^{j-1} G_{jh} (p_j s_h + p_h s_j) \qquad (6-6)$$

$$D_{jh} = \frac{d_{jh} - p_{jh}}{d_{jh} + p_{jh}} \qquad (6-7)$$

$$d_{jh} = \int_0^\infty dF_j(y) \int_0^y (y-x) dF_h(x) \qquad (6-8)$$

$$p_{jh} = \int_0^\infty dF_h(y) \int_0^y (y-x) dF_j(x) \qquad (6-9)$$

其中，$p_j = n_j/n$，$s_j = n_j\mu_j/n\mu$，$j = 1, 2, 3, \cdots, k$，G_{jj} 为 j 子样本的基尼系数，D_{jh} 表示 j 子样本和 h 子样本间的影响，d_{jh} 为 j 子样本和 h 子样本中 $y_{jh} - y_{hr} > 0$ 的评价值加总的数学期望，p_{jh} 为 j 子样本和 h 子样本中 $y_{hr} - y_{ji} > 0$ 的评价值加总的数学期望，$F_j(F_h)$ 为 j 子样本中 h 个样本的累积密度分布函数。

6.1.2　σ 收敛

σ 收敛是指离差随时间推移不断降低的过程（孙畅、吴芬，2020），多数学者通常采用该方法分析地区经济的收敛情况，通过衡量不同地区间经济发展的离差程度是否随时间推移而趋于缩小，判断地区经济发展是否存在收敛性。随学科的不断发展，σ 收敛广泛应用于各种研究领域。本书利用变异系数考察人工智能产业发展是否存在 σ 收敛趋势，若变异系数随时间推移呈现衰减状态，则说明存在 σ 收敛。具体计算公式如下：

$$V_i = \frac{\sqrt{\dfrac{\sum\limits_{j=1}^{N} (x_{j,i} - \bar{x}_i)^2}{N}}}{\bar{x}_i} \tag{6-10}$$

其中，N 表示地区总数量，$x_{j,i}$ 表示地区 j 在 i 时期人工智能产业发展评价值，$\bar{x}_i$ 表示 i 时期所有地区人工智能产业评价值的平均值，V_i 表示 i 时期的变异系数。当 $V_{i+1} < V_i$ 时，人工智能产业发展在 i 时期存在收敛趋势，反之，人工智能产业发展在 i 时期表现发散状态。

6.2　我国人工智能产业发展的总体差异及其演变

为定量分析我国人工智能产业发展的相对差异，本书依据 Dagum 基尼系数测算样本考察期内我国人工智能产业的总体差异，结果如表 6-1 和图 6-1 所示。

表 6 - 1　　全国及"四大板块"人工智能产业总体基尼系数及区域内基尼系数

区域	2009 年	2010 年	2011 年	2012 年	2013 年	2014 年	2015 年	2016 年	2017 年	2018 年
全国	0.5319	0.5441	0.5399	0.5337	0.5146	0.5121	0.5243	0.5149	0.5149	0.5087
东部	0.4007	0.4042	0.4108	0.4130	0.3961	0.3926	0.4153	0.4110	0.4222	0.4222
中部	0.1291	0.1358	0.1425	0.1572	0.1759	0.1886	0.1782	0.2324	0.2056	0.2089
西部	0.2873	0.3186	0.3384	0.3623	0.3699	0.3863	0.4003	0.3906	0.4228	0.4440
东北	0.2372	0.2694	0.2935	0.3549	0.3483	0.3419	0.3036	0.2571	0.2698	0.2986

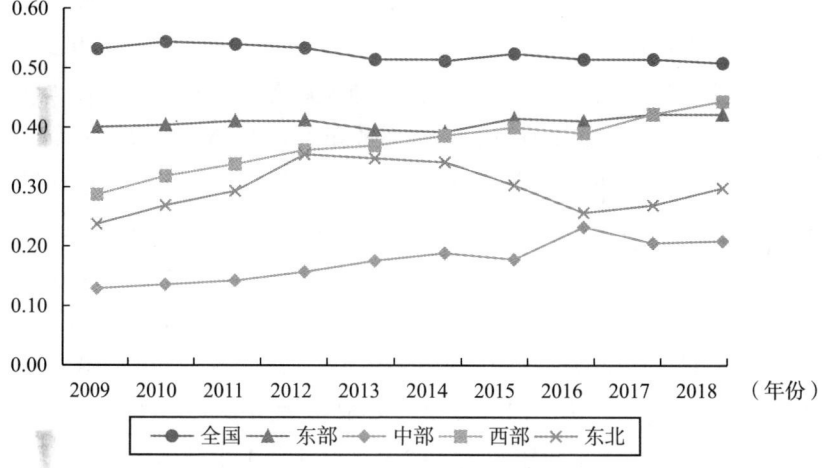

图 6 - 1　　全国及"四大板块"人工智能产业总体差异及区域内差异演变趋势

从图 6 - 1 和表 6 - 1 可以看出，人工智能产业的总体基尼系数最大。从总体差异的统计特征和变动情况看，样本考察期内总体基尼系数介于 0.5087 ~ 0.5441 之间，其均值为 0.5239，年均递减率为 0.5125% 。从人工智能产业总体差异的演变趋势看，样本考察期内人工智能产业总体差异相比上升幅度，下降幅度较大，整体呈现出"上升—下降—上升—下降"的发展态势。具体来看，2009 年人工智能产业的总体基尼系数为 0.5319，此后处于上升趋势，2010 年达到样本考察期内最大值 0.5441，表明我国人工智能产业区域差异增强，2010 年后我国人工智能产业空间非均衡发展趋势逐步减弱，除 2015 年出现小幅度上升趋势，至 2018 年我国人工智能产业的总体基尼系数低至 0.5087。

6.3 我国人工智能产业发展的区域内
差异及其演变

上述研究揭示出我国人工智能产业发展总体呈现空间非均衡态势，而我国30个省份（限于资料的获取，本书不涉及西藏自治区及台湾、香港、澳门地区）人工智能产业的区域差异较难直接观测，为深入了解我国30个省份人工智能发展的区域差异问题，本书基于"四大板块"视角利用Dagum基尼系数探究人工智能产业发展的空间差异。表6-1和图6-1进一步描绘了"四大板块"人工智能产业的区域差异数值及演变趋势。样本考察期内人工智能产业区域内差异最高为东部地区，基尼系数介于0.3926~0.4222之间，均值为0.4088，年均递增率为0.5463%；西部地区人工智能产业区域内差异次高，基尼系数介于0.2873~0.4440之间，均值为0.3721，年均递增率为4.6633%；东北地区人工智能产业区域内差异次低，基尼系数介于0.2372~0.3549之间，均值为0.2974，年均递增率为1.9299%；中部地区人工智能产业区域内差异最低，基尼系数介于0.1291~0.2324之间，均值为0.1754，年均递增率为4.7061%。从"四大板块"基尼系数的变化趋势看，东部地区、西部地区和东北地区人工智能产业区域内差异远高于中部地区，"四大板块"人工智能产业区域内差异不断扩大，呈现出差异化发展态势。具体来看，2009~2018年东部地区人工智能产业区域内差异整体表现出"W"形变化态势；2009~2018年西部地区人工智能产业区域内差异整体呈现出"大幅上升—小幅下降—大幅上升"即波动上升变动态势；2009~2016年东北地区人工智能产业区域内差异呈现出倒"U"形变化态势，2016~2018年东北地区区域内差异出现小幅度上升趋势，表明东北地区人工智能产业区域内差异增大；2009~2018年中部地区人工智能产业区域内差异呈现"上升—下降—上升—下降—上升"态势，相比下降幅度上升幅度较大，样本考察期内整体表现出上升趋势。

6.4 我国人工智能产业发展的区域间
　　　　差异及其演变

上述分析表明"四大板块"人工智能产业空间非均衡性显著且呈现差异化发展态势，在此基础上本书利用 Dagum 基尼系数分解方法对我国人工智能产业的空间差异进行详细分解，探寻我国人工智能产业发展差异的主要来源，计算结果如表 6 - 2 所示。

表 6 - 2　　　我国人工智能产业区域间基尼系数及总体基尼系数分解结果

项目	区域	2009 年	2010 年	2011 年	2012 年	2013 年	2014 年	2015 年	2016 年	2017 年	2018 年
区域间差异	中部 - 东部	0.6455	0.6419	0.6109	0.5674	0.5258	0.5148	0.5224	0.4873	0.4910	0.4793
	西部 - 东部	0.7204	0.7387	0.7335	0.7276	0.7084	0.7023	0.7076	0.6935	0.6823	0.6592
	西部 - 中部	0.2742	0.3072	0.3431	0.3821	0.3986	0.4076	0.4082	0.4306	0.4230	0.4210
	东北 - 东部	0.5915	0.5888	0.5793	0.5596	0.5516	0.5674	0.6284	0.6488	0.6452	0.6530
	东北 - 中部	0.2285	0.2630	0.2893	0.3450	0.3312	0.3269	0.3102	0.3500	0.3350	0.3607
	东北 - 西部	0.3525	0.3941	0.4166	0.4724	0.4557	0.4447	0.3937	0.3528	0.3803	0.3968
成分分解	区域内	0.1123	0.1147	0.1161	0.1163	0.1120	0.1123	0.1186	0.1177	0.1212	0.1230
	区域间	0.3918	0.4017	0.3907	0.3771	0.3588	0.3539	0.3630	0.3530	0.3413	0.3262
	超变密度	0.0278	0.0277	0.0332	0.0404	0.0438	0.0460	0.0427	0.0441	0.0525	0.0596

图 6 - 2 刻画了我国人工智能产业"四大板块"间差异的演变趋势。样本考察期内西部 - 东部区域间基尼系数最高，数值介于 0.6592 ~ 0.7387，均值为 0.7073，年均递减率为 1.0060%；东北 - 东部区域间基尼系数次高，数值介于 0.5516 ~ 0.6530，均值为 0.6014，年均递增率为 1.0237%；中部 - 东部区域间基尼系数居于第三位，数值介于 0.4793 ~ 0.6455，均值为 0.5486，年均递减率为 3.4218%；东北 - 西部区域间基尼系数居于第四位，数值介于 0.3525 ~ 0.4724，均值为 0.4060，年均递增率为 0.9415%；西部 - 中部区域间基尼系数次低，数值介于 0.2742 ~ 0.4306，均值为 0.3795，年均递增率

4.5388%；东北－中部区域间基尼系数最低，数值介于0.2285～0.3607，均值为0.3140，年均递增率为4.6129%。整体来看，样本考察期内西部－东部人工智能产业区域间差异最大位列第一梯队，东北－东部和中部－东部人工智能产业区域间差异位列第二梯队，而东北－西部、西部－中部和东北－中部人工智能产业区域差异相对较小位列第三梯队。从人工智能产业区域间差异波动趋势看，除中部－东部和西部－东部地区外，其余地区区域间差异均呈现出波动上升态势。具体来看，2009～2018年西部－东部地区人工智能产业区域间差异表现出"小幅上升－下降—小幅上升—下降"演变趋势；2009～2018年中部－东部地区人工智能产业区域间差异呈现"大幅下降—小幅上升—下降—上升—下降"态势；2009～2016年东北－东部地区人工智能产业区域间差异呈现"U"形态势，2016～2017年东北－东部地区人工智能产业区域间差异出现小幅回落趋势，此后2017～2018年东北－东部地区人工智能产业区域间差异仍呈扩大态势；2009～2016年东北－西部地区人工智能产业区域间差异呈现较为明显的倒"U"形态势，随后2016～2018年东北－西部地区人工智能产业区域间差异表现出扩大态势；除2016～2017年出现小幅回落趋势，2009～2018年西部－中部地区人工智能产业区域间差异基本呈现逐年递增态势；2009～2018年东北－中部地区存在"上升—下降—上升—下降—上升"变动态势，相比下降幅度上升幅度较大，样本考察期内整体呈上升态势。

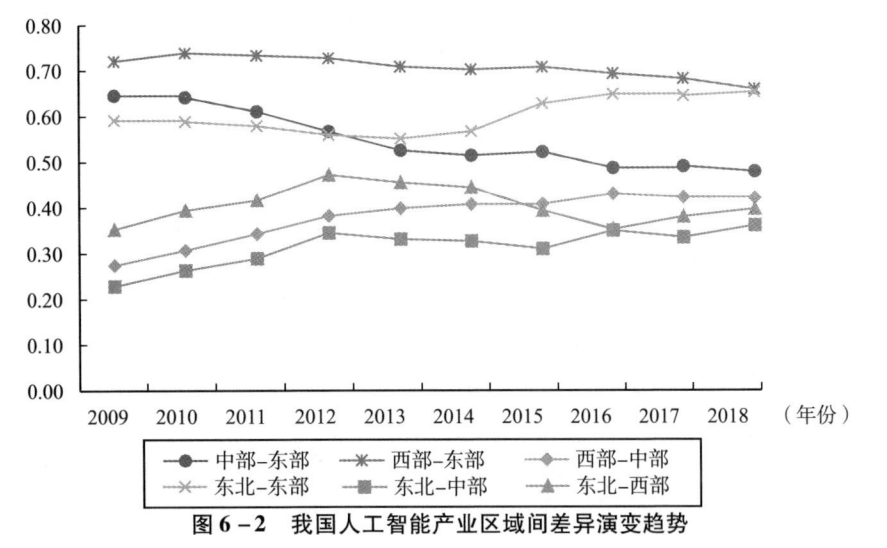

图6－2 我国人工智能产业区域间差异演变趋势

6.5 我国人工智能产业发展的区域
差异来源及其贡献率

Dagum 基尼系数将总体区域差异分解为区域内差异贡献、区域间差异贡献和超变密度贡献三部分，我国人工智能产业区域差异来源的大小和贡献率如表 6-2 和图 6-3 所示。从变动趋势看，区域内差异贡献率基本保持稳步上升状态，贡献率介于 21.08% ~ 24.17%，而区域间差异贡献率基本维持逐年递减趋势，超变密度的贡献率则呈现"W"形变化态势，存在一定波动。具体来看，区域内差异贡献率在 2009 ~ 2010 年由 21.11% 下降至最小值 21.08%，随后保持逐年递增趋势增至 24.17%；区域间差异贡献率在 2009 ~ 2010 年由 73.66% 增长至最大值 73.83%，2010 ~ 2014 年表现出递减态势，2015 年出现小幅扩大趋势，此后呈下降趋势降至 64.11%；超变密度贡献率在 2009 ~ 2010 年由 5.23% 降低至最小值 5.08%，2010 ~ 2014 年逐年增长，至 2015 年出现下降态势，随后呈上升态势增至最大值 11.72%。整体来看，

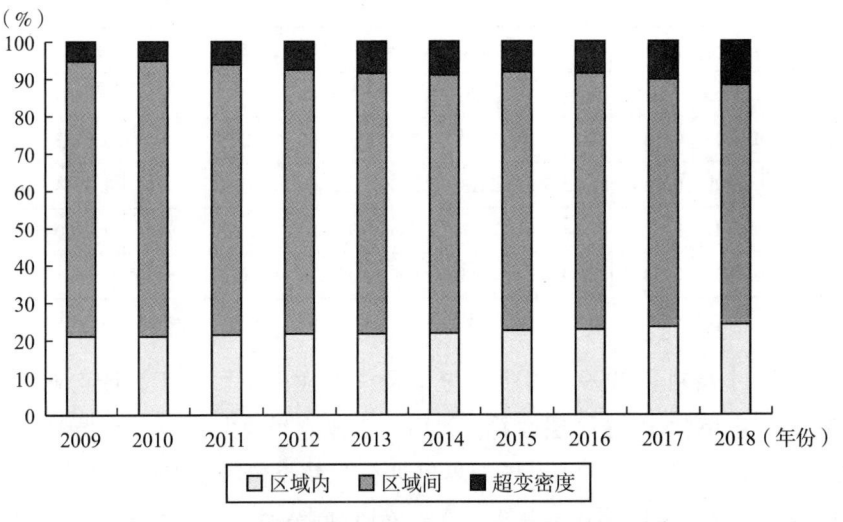

图 6-3 我国人工智能产业区域差异的内部贡献率

样本考察期内区域内差异平均贡献率为 24.17%，超变密度平均贡献率为 11.72%，而区域间差异平均贡献率达 68.75%，一直超过半数，明显高于区域内差异和超变密度的贡献率，表明我国人工智能产业发展总体差异的主要来源是区域间差异，区域产业分工的初步推动促使不同区域间差异的扩张，随着区域产业分工的深化，区域产业分工渐渐趋于合理化和专业化，导致区域间差异逐渐减小。

6.6 我国人工智能产业发展的收敛分析

上述分析表明我国人工智能产业发展存在显著区域差异，那么随省际各企业合作交流的不断加强，长此以往全国及"四大板块"人工智能产业发展的区域差异是趋于收敛还是发散？为回答上述问题，本书将利用 σ 收敛指数计算公式基于 2009～2018 年人工智能产业综合评价值对全国省域及"四大板块"人工智能产业发展进行收敛检验，结果如表 6-3 和图 6-4 所示。

表 6-3　　　　全国及"四大板块"人工智能产业发展收敛指数

地区	2009 年	2010 年	2011 年	2012 年	2013 年	2014 年	2015 年	2016 年	2017 年	2018 年
全国	1.2053	1.2294	1.2175	1.1856	1.1095	1.0886	1.1558	1.1433	1.1533	1.1402
东部	0.7343	0.7430	0.7625	0.7699	0.7323	0.7206	0.7755	0.7939	0.8255	0.8356
中部	0.2329	0.2409	0.2587	0.2813	0.3135	0.3469	0.3242	0.4254	0.3764	0.3898
西部	0.5547	0.6262	0.6813	0.7273	0.7458	0.7684	0.7906	0.7491	0.8280	0.8735
东北	0.4650	0.5478	0.5946	0.7243	0.6991	0.6928	0.6045	0.5153	0.5441	0.5983

图 6-4 绘制了 2009～2018 年全国及"四大板块"人工智能产业发展收敛指数演变趋势。从全国层面看，我国人工智能产业发展 σ 收敛指数的收敛性具有阶段性特征，以 2014 年为界可划分为两个阶段：2009～2014 年呈现波动下降态势，区域差异不断降低，存在收敛趋势；2014～2018 年呈现轻微波动态势，区域差异略有扩大，存在发散状态。从"四大板块"层面看，东

部地区人工智能产业发展 σ 收敛指数在样本考察期内存在短暂下降趋势，但 σ 收敛指数总体呈现上升态势，区域差异扩大，存在发散趋势。中部地区人工智能产业发展 σ 收敛指数总体呈现较为显著的上升态势，区域差异增大，中部地区人工智能产业发展呈现出发散状态。西部地区与中部地区人工智能产业发展 σ 收敛指数的演变轨迹相似，均未表现收敛趋势。东北地区人工智能产业发展 σ 收敛指数存在不同程度的波动，2009～2016 年呈现出倒"U"形变化态势，2016～2018 年呈现出短暂上升态势，总体上升趋势更为显著，东北地区人工智能产业发展呈现发散状态。

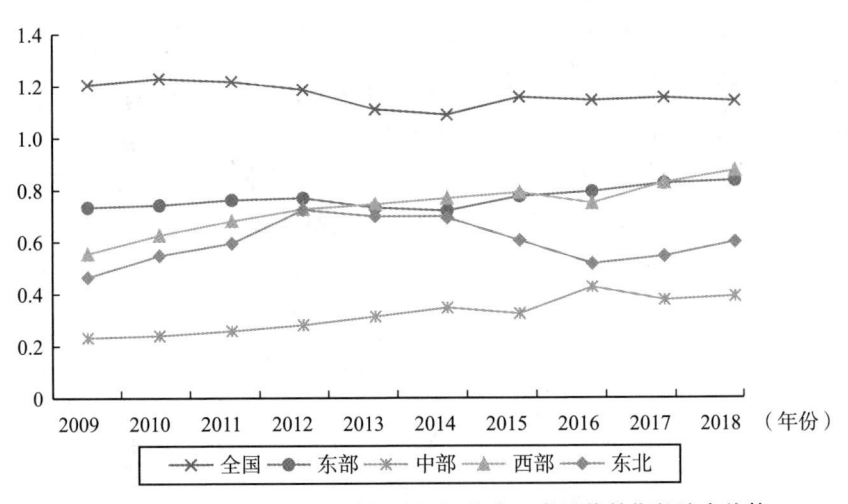

图 6-4　全国及"四大板块"人工智能产业发展收敛指数演变趋势

6.7　本章小结

本书采用 Dagum 基尼系数深入剖析了 2009～2018 年全国及"四大板块"人工智能产业发展的区域差异，利用 σ 收敛指数检验 2009～2018 年全国及"四大板块"人工智能产业发展的收敛性，进一步揭示出人工智能产业区域差异、来源及收敛趋势，研究结论如下：

（1）从总体差异看，样本考察期内我国人工智能产业总体差异整体呈现出"上升—下降—上升—下降"的发展态势;从"四大板块"区域内差异看,"四大板块"人工智能产业区域内差异不断扩大,呈现出差异化发展态势,其中,东部地区人工智能产业区域内差异相对较小。

(2)从区域间差异看,样本考察期内西部-东部人工智能产业区域间差异最大位列第一梯队,东北-东部和中部-东部人工智能产业区域间差异位列第二梯队,而东北-西部、西部-中部和东北-中部人工智能产业区域差异相对较小位列第三梯队。

(3)从区域差异来源及贡献度看,区域间差异平均贡献率达 68.75%,明显高于区域内差异和超变密度的贡献率,我国人工智能产业发展总体差异的主要来源是区域间差异。

(4)我国人工智能产业发展 σ 收敛指数的收敛性具有阶段性特征。2009~2014 年呈现波动下降态势,区域差异不断降低,存在收敛趋势;2014~2018 年呈现轻微波动态势,区域差异略有扩大,呈现出发散状态。"四大板块"人工智能产业发展 σ 收敛指数的演变轨迹存在差异化特征,基本不支持 σ 收敛假说,呈现出发散状态。

　　根据第 6 章 Dagum 基尼系数的研究结果可以发现，"四大板块"人工智能产业发展呈现出差异化发展态势，表明我国人工智能产业发展过程中空间非均衡性显著。前文基于 Dagum 基尼系数的测度结果展示出我国人工产业发展相对差异的大小及其主要来源，但无法刻画我国人工智能产业绝对差异变化的动态演进过程。换言之，区域差异的测度结果仅能反映区域间人工智能产业发展的非均衡程度，无法有效研判出区域差异测度结果相同的两个区域之间其人工智能产业发展是否呈现出相同的区域差异时空变化规律。为考察我国人工智能产业绝对差异的演进特征，本章基于区域非均衡发展理论，采用 Kernel 密度估计方法、传统 Markov 链分析方法及空间 Markov 链分析方法探究 2009～2018 年全国及"四大板块"人工智能产业发展的时序演进趋势和空间转移规律。这为揭示区域非均衡的时空特征提供了一个新的解释视角，有助于掌握全国及"四大板块"人工智能产业发展等级变化规律，识别空间因素对我国区域人工智能产业发展动态演变的影响，为有关部门和不同地区制定人工智能产业协调发展的长期规划提供有价值的参考依据。

7.1　研究方法

7.1.1　Kernel 密度估计方法

　　Kernel 密度估计方法是一种研究不均衡分布较为成熟的非参数估计方法。

该方法主要通过近似估计随机变量的概率密度，生成连续的密度曲线描述随机变量的分布形态（张龙耀、邢朝辉，2021），其优点是参数模型不需要进行假设，可结合数据集直接估计概率密度，避免了参数模型设定的主观性。Kernel 密度估计方法的一般表达式为：

$$f(x) = \frac{1}{mh} \sum_{i=1}^{m} K\left(\frac{X_i - x}{h}\right) \tag{7-1}$$

其中，$f(x)$ 表示随机变量 X 的密度函数，m 表示观测值的数量，h 表示带宽，带宽越小说明估计精度越高，但曲线越不平滑，因此实际估计尽可能选择较小带宽。X_i 表示独立同分布观测值，x 表示观测值的平均值，$K(x)$ 表示随机核函数，主要有 Gaussian 核函数、Epanechnikov 核函数、Triangular 核函数和 Quartic 核函数等类型，本书采用研究中最为常见的 Gaussian 核函数，计算公式为：

$$K(x) = \frac{1}{\sqrt{2\pi}} \exp\left(-\frac{x^2}{2}\right) \tag{7-2}$$

7.1.2 传统 Markov 分析方法

Markov 链是一种时间和状态均为离散的随机过程（陈明华等，2019），是描述俱乐部成员间等级构成变化与过程的有效工具（孟德友等，2014）。该方法将连续的属性值进行离散化处理，等级划分为种类型后，通过构造转移概率矩阵测算相应类型的状态及其变化情况，近似表示区域演化的整个过程。传统 Markov 链的转移概率矩阵为：

$$p = \begin{pmatrix} p_{11} & \cdots & p_{1M} \\ \vdots & & \vdots \\ p_{M1} & \cdots & p_{MM} \end{pmatrix} \tag{7-3}$$

其中，p_{ij} 表示某一区域由 t 年的 i 等级转移为 $t+1$ 年的 j 等级的转移概率，可利用极大似然估计法近似计算转移概率 $p_{ij} = n_{ij}/n_i$，n_{ij} 表示某一区域由 t 年的 i 等级转移为 $t+1$ 年的 j 等级的省域数量，n_i 表示样本观测期内处于 i 等级的所有省域数。

7.1.3 空间 Markov 分析方法

不同经济现象的发展在地理区位上并不是孤立的，而是与周围地区相互影响，空间 Markov 链将"空间滞后"概念引入传统 Markov 链，弥补了传统 Markov 链忽略区域间的空间关联影响这一缺点，强调了地理区位因素在演变过程中的重要程度。空间 Markov 链主要是基于空间滞后因素考察邻近区域所处等级对于本区域的转移概率的影响，具体计算过程如下：将 M 空间滞后等级作为区域转移的条件，构造 M 个 $M \times M$ 个条件转移矩阵，如表 7－1 所示。$p_{ij|l}^{t,t+d}$ 表示空间滞后类型为 I，时间为 d 年后，本区域从 i 等级转移至 j 等级的概率。

表 7－1　　　　空间 Markov 链转移概率矩阵（$M = 4$）

空间滞后	t_i/t_{i+d}	I	II	III	IV
I	I	$p_{11|1}$	$p_{12|1}$	$p_{13|1}$	$p_{14|1}$
	II	$p_{21|1}$	$p_{22|1}$	$p_{23|1}$	$p_{24|1}$
	III	$p_{31|1}$	$p_{32|1}$	$p_{33|1}$	$p_{34|1}$
	IV	$p_{41|1}$	$p_{42|1}$	$p_{43|1}$	$p_{44|1}$
II	I	$p_{11|2}$	$p_{12|2}$	$p_{13|2}$	$p_{14|2}$
	II	$p_{21|2}$	$p_{22|2}$	$p_{23|2}$	$p_{24|2}$
	III	$p_{31|2}$	$p_{32|2}$	$p_{33|2}$	$p_{34|2}$
	IV	$p_{41|2}$	$p_{42|2}$	$p_{43|2}$	$p_{44|2}$
III	I	$p_{11|3}$	$p_{12|3}$	$p_{13|3}$	$p_{14|3}$
	II	$p_{21|3}$	$p_{22|3}$	$p_{23|3}$	$p_{24|3}$
	III	$p_{31|3}$	$p_{32|3}$	$p_{33|3}$	$p_{34|3}$
	IV	$p_{41|3}$	$p_{42|3}$	$p_{43|3}$	$p_{44|3}$
IV	I	$p_{11|4}$	$p_{12|4}$	$p_{13|4}$	$p_{14|4}$
	II	$p_{21|4}$	$p_{22|4}$	$p_{23|4}$	$p_{24|4}$
	III	$p_{31|4}$	$p_{32|4}$	$p_{33|4}$	$p_{34|4}$
	IV	$p_{41|4}$	$p_{42|4}$	$p_{43|4}$	$p_{44|4}$

7.2 基于 Kernel 密度估计的人工智能产业发展分布动态演进

为有效刻画我国人工智能产业发展的分布动态演进特征，本书利用 Kernel 密度估计方法考察我国人工智能产业发展，采用 Matlab 软件绘制全国人工智能产业发展的核密度分布图像，以描述其分布的时序演进形态。并通过对比 2009 年、2014 年和 2018 年的分布态势，揭示全国及"四大板块"人工智能产业发展分布的重心位置、主峰形态、分布延展性和极化情况等变化特征，如图 7 - 1 所示。

图 7 - 1（a）基于全国整体视角刻画我国人工智能产业发展的时序演进特征。从分布位置变化看，2009 ~ 2018 年我国人工智能产业发展分布随时间推移整体保持右移趋势，表明在样本考察期内我国人工智能产业发展呈现小幅上升演进趋势。我国人工智能产业发展低值区的右移幅度远小于我国人工智能产业发展高值区的右移幅度，说明高值区人工智能产业发展的提升幅度高于低值区人工智能产业发展的提升幅度，由此可见提升我国人工智能产业发展水平的关键在于提高 - 低值区人工智能产业发展，补足低值区人工智能产业发展短板。从主峰形态变化看，2009 ~ 2018 年我国人工智能产业发展分布的主峰高度随时间推移呈现下降趋势，主峰宽度呈现扩大态势，表明在样本考察期内我国人工智能产业发展总体离散程度逐渐扩大。从分布延展性看，我国人工智能产业发展 Kernel 密度曲线存在显著的右拖尾现象，且在样本考察期内右拖尾现象并未改善，表明我国人工智能产业发展存在"优中更优"的现象，即人工智能产业发展水平较高的省域随时间推移越发高于我国人工智能产业的平均发展水平。从极化情况看，2009 ~ 2018 年我国人工智能产业发展长期呈现多极分化态势，2014 ~ 2018 年侧峰数量有所减弱，侧峰高度均较低，表明我国人工智能产业发展具有明显的梯度效应。

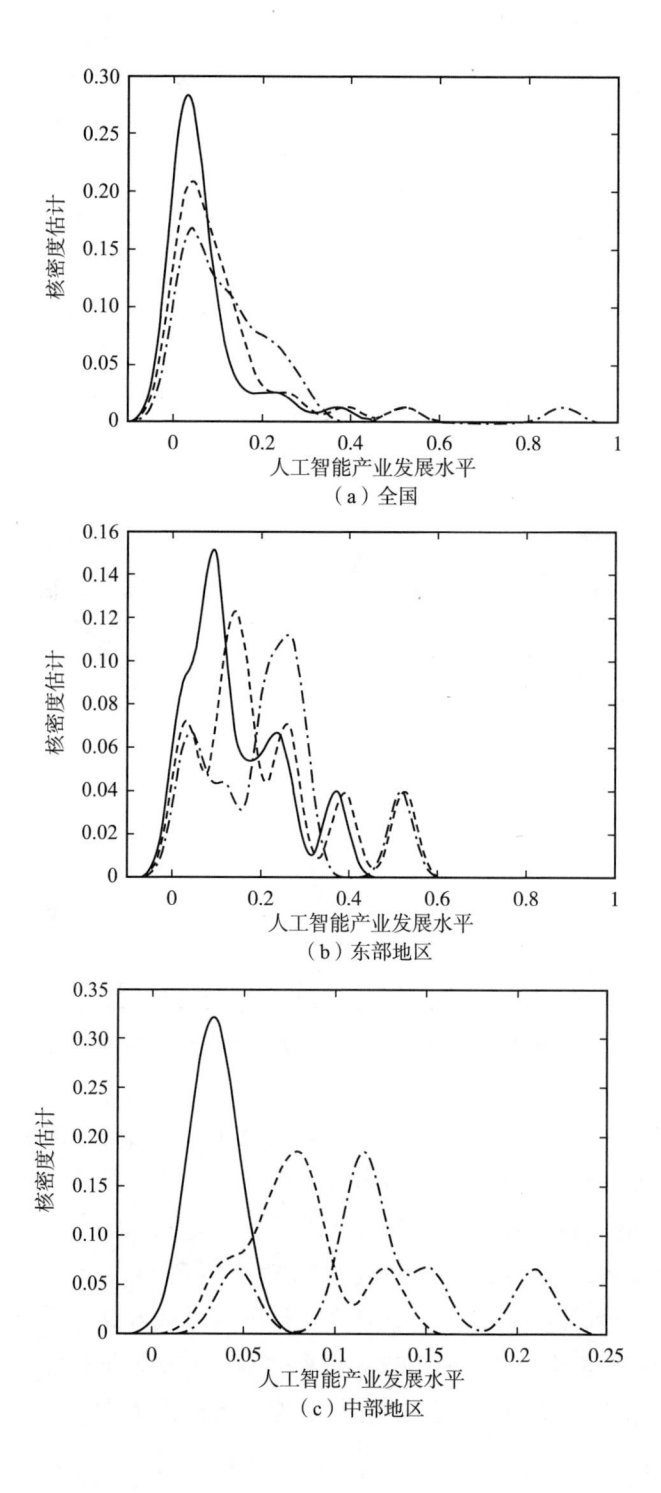

（a）全国

（b）东部地区

（c）中部地区

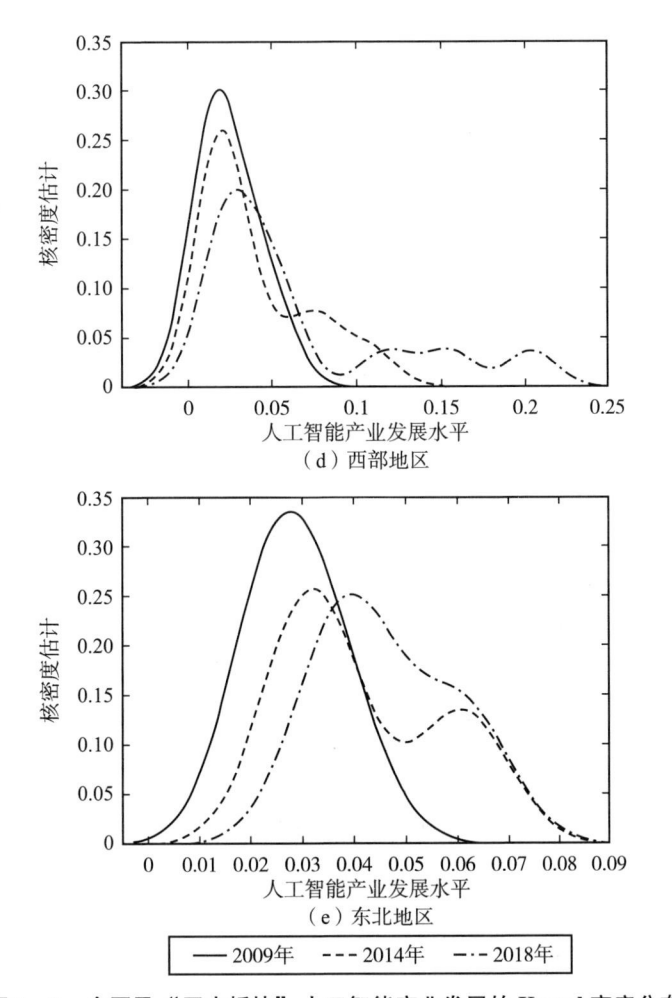

（d）西部地区

（e）东北地区

——— 2009年　　- - - - 2014年　　-·-·- 2018年

图7-1　全国及"四大板块"人工智能产业发展的 Kernel 密度分布

图7-1（b）描述了东部地区人工智能产业发展的时序演进趋势。从分布位置变化看，在样本考察期内东部地区人工智能产业发展水平分布随时间推移整体不断向右移动，表明东部地区人工智能产业发展在2009～2018年不断向高值区发展，取得良好成效。高值区右移幅度明显大于低值区右移幅度，这意味着东部地区高值区人工智能产业发展的提升幅度高于低值区人工智能产业发展的提升幅度。从主峰形态变化看，2009～2018年东部地区人工智能产业发展分布曲线的主峰高度逐渐下降，宽度也随之增大，说明人工智能产

业东部地区发展的总体离散程度表现为扩大态势，东部地区内部人工智能产业发展水平较高的省份与东部地区人工智能产业发展水平平均的省份之间的距离有所增大。从分布延展性看，在样本考察期内东部地区人工智能产业分布曲线向右拖尾，主要原因是东部地区存在广东和江苏等人工智能产业发展较高的省市。从极化情况看，2009～2018 年东部地区人工智能产业发展呈现出由两极分化向多级分化过渡，表明东部地区人工智能产业发展存在梯度效应，后期极化现象有所加剧。

图 7-1（c）描绘了中部地区人工智能产业发展的时序演进趋势。从分布位置变化看，中部地区人工智能产业发展的分布曲线在 2009～2018 年不断右移，说明在样本考察期内中部地区人工智能产业发展逐步从低值区向高值区跃进。中部地区人工智能产业发展低值区的右移幅度小于中部地区人工智能产业发展高值区的右移幅度，说明高值区人工智能产业发展的提升幅度高于低值区的提升幅度。从主峰形态变化看，中部地区人工智能产业发展分布曲线在 2009～2014 年主峰高度下降，坡度变平缓，在 2014～2018 年主峰高度无明显变化，宽度呈缩小特征。从分布延展性看，2009 年中部地区人工智能产业发展不存在显著拖尾现象，至 2014 年中部地区人工智能产业发展 Kernel 密度曲线存在左拖尾与右拖尾并存的拖尾现象，在 2018 年 Kernel 密度曲线变化为存在右拖尾现象，表明中部地区各省域人工智能产业发展水平与中部地区平均发展水平之间的差距总体呈扩大态势。从极化情况看，在样本考察期内中部地区人工智能产业发展由单峰分布形态演化为多峰分布形态，意味着中部地区人工智能产业发展水平随时间推移出现多个等级的划分。

图 7-1（d）描述了西部地区人工智能产业发展的时序演进趋势。从分布位置变化看，西部地区人工智能产业发展的分布曲线逐年右移，表明西部地区人工智能产业发展水平在此期间逐步提升。从主峰形态变化看，2009～2018 年西部地区人工智能产业发展分布曲线的主峰高度下降，宽度由陡峭向扁平转变。从分布延展性看，在样本考察期内西部地区人工智能产业发展存在显著的右拖尾现象，意味着西部地区大部分省份人工智能产业发展水平集中于低值区，高值区省域逐渐增多，且部分省域人工智能产业发展水平逐渐提升。从极化情况看，西部地区人工智能产业发展由单峰格局形态向多峰格局形态转变，说明 2009～2018 年西部地区人工智能产业发展水平较低的省份对发展水平

较高的省域"赶超"乏力，由均衡前进局面转变为多级分化局面。

图 7-1（e）描绘了东北地区人工智能产业发展的时序演进趋势。从分布位置变化看，相比于东部地区和中部地区，东北地区人工智能产业发展的分布曲线向右移动幅度相对较小，表明东北地区人工智能产业发展整体存在缓慢增长趋势，发展成效与东部地区和中部地区相比仍有差异。从主峰形态变化看，东北地区人工智能产业 Kernel 密度曲线的主峰形态由"高耸型"转变为"扁平型"。从分布延展性看，2009 年东北地区人工智能产业存在右拖尾现象，随时间推移总体呈现收敛趋势。从极化情况看，2009~2018 年东北地区人工智能产业发展 Kernel 密度曲线由单峰形态逐渐转变成偏态"M"双峰形态，意味着东北地区人工智能产业发展逐步呈现出俱乐部分化的特征。

7.3 基于传统 Markov 链分析的人工智能产业发展动态演进趋势

Kernel 密度估计方法虽然有效刻画了全国及"四大板块"人工智能产业发展的分布动态演进特征，但未能揭示各地区人工智能产业发展相对位置的变化及具体转移规律，因此本书运用传统 Markov 分析方法预测全国及"四大板块"人工智能产业发展的长期趋势。首先将人工智能产业发展平均划分为四个等级，分别为低等级（L）、中低等级（ML）、中高等级（MH）和高等级（H），其次以滞后一年的条件测算出全国及"四大板块"人工智能产业发展的转移概率矩阵，结果如表 7-2 所示。

我国人工智能产业发展的转移分布存在以下两点特征。一是我国人工智能产业发展呈现显著的俱乐部趋同现象。我国人工智能产业发展对角线上的转移概率远大于非对角线上的转移概率，其中对角线上的转移概率值在 0.8382~0.9844 之间，非对角线上的最大转移概率值为 0.1471，表明人工智能产业发展等级改变的概率为 14.71%，我国人工智能产业发展等级向上迁移和向下迁移的惰性较大，固化效应较强，组间转移概率较低，我国人工智能产业发展存在低等级、中低等级、中高等级和高等级的趋同俱乐部，呈现出一定的路径依赖。二是我国人工智能产业发展等级转移不存在跳跃式转移，

表 7-2　　全国及"四大板块"人工智能产业发展的传统 Markov 转移概率矩阵

区域	等级	2009~2018 年				2009~2013 年				2014~2018 年			
		L	ML	MH	H	L	ML	MH	H	L	ML	MH	H
全国	L	0.8873	0.1127	0	0	0.9355	0.0645	0	0	0.8438	0.1563	0	0
	ML	0.0147	0.8382	0.1471	0	0	0.8333	0.1667	0	0.0345	0.7931	0.1724	0
	MH	0	0	0.8657	0.1344	0	0.3013	0.7813	0.1875	0	0	0.9000	0.1000
	H	0	0	0.0156	0.9844	0	0	0	1	0	0	0	1
东部地区	L	0.9130	0.0870	0	0	0.8889	0.1111	0	0	0.9000	0.1000	0	0
	ML	0	0.8696	0.1304	0	0	0.7500	0.2500	0	0.0909	0.6364	0.2727	0
	MH	0	0	0.8261	0.1739	0	0	0.7778	0.2222	0	0	0.8889	0.1111
	H	0	0	0.0476	0.9524	0	0	0.1000	0.9000	0	0	0.1000	0.9000
中部地区	L	0.5714	0.4286	0	0	0.5000	0.3333	0.1667	0	0.6667	0.3333	0	0
	ML	0.0714	0.5714	0.3517	0	0	0.5000	0.5000	0	0	0.5000	0.3750	0.1250
	MH	0	0	0.6875	0.3125	0	0	0.2000	0.8000	0	0	0.7500	0.2500
	H	0	0	0	1	0	0	0	1	0	0	0	1
西部地区	L	0.8000	0.2000	0	0	0.7692	0.2308	0	0	0.6154	0.3077	0.0769	0
	ML	0.0370	0.7407	0.1852	0.0370	0	0.6364	0.3636	0	0.1000	0.6000	0.3000	0
	MH	0	0.0435	0.7826	0.1739	0	0.1111	0.6667	0.2222	0	0.1000	0.8000	0.1000
	H	0	0	0.0417	0.9583	0	0	0.0909	0.9091	0	0	0	1
东北地区	L	0.8571	0.1429	0	0	0.7500	0.2500	0	0	0.6667	0.3333	0	0
	ML	0	0.7143	0.2857	0	0	0.6667	0.3333	0	0	0.7500	0.2500	0
	MH	0	0.1667	0.6666	0.1667	0	0	0.6667	0.3333	0	0	0.5000	0.5000
	H	0	0	0	1	0	0	0	1	0	0	0.3333	0.6667

且随时间推移正向转移的概率变大。我国人工智能产业发展非对角线上的转移概率均匀分布于对角线的两侧，其中低等级向中高等级和高等级转移、中低等级向高等级转移、中高等级向低等级转移、高等级向低等级和中低等级转移的概率值均为 0，反映出我国人工智能产业实现跨越式转移的概率为 0，我国人工智能产业发展是长期持续的过程，各时段均存在不同程度向相邻类型转移的现象，相比 2009~2013 年我国人工智能产业发展的转移概率分布，

2014～2018 年我国人工智能产业发展低等级和中低等级向上转移的概率分别增至 0.1563 和 0.1724，综合来看样本考察后期人工智能产业正向转移的趋势变大。

东部地区人工智能产业发展的转移分布存在以下两点特征。一是东部地区人工智能产业发展存在俱乐部趋同，向低等级和高等级趋同的趋势更显著。东部地区人工智能产业发展对角线上的转移概率值高于非对角线上的转移概率值，其中对角线转移概率最小值为 0.8261，最大值为 0.9524，即东部地区人工智能产业发展处于某等级的省域在一年仍保持该等级的概率至少为 82.61%，远大于等级发生变化的概率，反映东部地区人工智能产业发展处于低等级的省域具有长期陷入低水平泥沼的危险。此外，在样本考察期内低等级和高等级维持原有等级的稳定性最大，其概率值分别为 0.9130 和 0.9524，表明东部地区人工智能产业发展存在向低等级和高等级趋同的可能性较大。二是东部地区人工智能产业发展等级较难实现跃迁。东部地区人工智能产业发展非对角线上的转移概率均匀分布于对角线的两侧，其中低等级向中高等级和高等级转移、中低等级向高等级转移、中高等级向低等级转移、高等级向低等级和中低等级转移的概率值均为 0，意味着东部地区人工智能产业短期内难以实现跳跃式转移。

中部地区人工智能产业发展的转移分布存在以下两点特征。一是中部地区人工智能产业发展具有明显的俱乐部趋同现象。中部地区人工智能产业发展处于低等级、中低等级、中高等级和高等级的省域次年仍维持原等级的概率分别为 0.5714、0.5714、0.6875 和 1，其中人工智能产业发展处于中高等级和高等级的省域保持原等级的概率较大，说明各省份人工智能产业发展等级具有一定的稳定性，发达地区在人工智能产业发展中存在内部趋同趋势。二是中部地区人工智能产业发展实现正向转移的概率相对较高。具体来看，在样本考察期内中部地区人工智能产业发展低等级向中低等级、中低等级向中高等级、中高等级向高等级转移的概率分别是 0.4286、0.3517 和 0.3125，而高等级退化为中高等级、中高等级退化为中低等级、中低等级退化为低等级的概率分别是 0、0 和 0.0714，对比位于高等级的省域向较低等级演化的情形，位于低等级的省域向更高等级转移的概率更高，中部地区人工智能产业发展等级越低的省域，越容易变化为较高等级的省份，即更易发生低等级向较高等级的正向转移。

西部地区人工智能产业发展的转移分布存在以下两点特征。一是西部地区人工智能产业发展呈现俱乐部趋同效应，低等级俱乐部和高等级俱乐部表现出极大的稳定性。西部地区人工智能产业发展稳定在同等级的概率值在 0.7407~0.9583 之间，其中低等级俱乐部和高等级俱乐部保持原有状态的概率值为 0.8000 和 0.9583，显著高于等级转移的概率值，意味着西部地区人工智能产业发展存在低等级、中低等级、中高等级和高等级趋同俱乐部，并且低等级俱乐部和高等级俱乐部的稳定性更强。二是西部地区人工智能产业发展虽存在跳跃式转移，但实现难度较大。2009~2018 年西部地区人工智能产业发展中低等级向中高等级转移的概率为 0.1852，而向高等级转移的概率仅为 0.0370，转移概率较低，出现跳跃式转移的可能性较小。

东北地区人工智能产业发展的转移分布存在以下两点特征。一是东北地区人工智能产业发展存在不同程度的俱乐部趋同。东北地区人工智能产业发展保持低等级俱乐部类型的概率为 0.8571，保持中低等级的概率为 0.7143，保持中高等级的概率为 0.6666，保持高等级的概率为 1，对比发现，东北地区保持高等级俱乐部类型的概率最大，表明东北地区人工智能产业发展等级维持原有状态的特征较为明显，处于高等级的省域不存在停滞发展现象，整体存在向低等级和高等级收敛的可能性，即"俱乐部收敛"。二是东北地区人工智能产业发展等级发生跃迁突变的可能性较低，相邻等级间更易发生转移。具体来看，东北地区人工智能产业发展低等级向中低等级转移的概率为 0.1429，向其他等级转移的概率均为 0；中低等级向中高等级转移的概率为 0.2857，向其他等级转移的概率均为 0；中高等级向中低等级和高等级转移的概率均为 0.1667，向低等级转移的概率为 0，反映出东北地区人工智能产业发展不存在跨越式发展，转移大多发生在相邻等级间。

7.4 基于空间 Markov 链分析的人工智能产业发展空间转移趋势

由于不同区域间人工智能产业发展具有地理相关性，各区域间人工智能产业发展过程中存在一定程度的空间交互影响和溢出效应，因此本书考虑空间因素，基于邻近距离的空间权重矩阵，利用空间 Markov 分析方法以滞后一年为条件研究全国及"四大板块"人工智能产业发展的空间转移规律，计算结果如表 7-3 所示。

表 7-3　　　　　全国及"四大板块"人工智能产业发展的
空间 Markov 转移概率矩阵

地区	邻接类型	等级	L	ML	MH	H
全国	L	L	0.9000	0.1000	0	0
		ML	0	1	0	0
		MH	0	0	1	0
		H	NaN	NaN	NaN	NaN
	ML	L	0.9535	0.0465	0	0
		ML	0	0.8571	0.1429	0
		MH	0	0	0.8333	0.1667
		H	0	0	0.1429	0.8571
	MH	L	0.4444	0.5556	0	0
		ML	0.0345	0.8276	0.1379	0
		MH	0	0	0.8571	0.1429
		H	0	0	0	1
	H	L	1	0	0	0
		ML	0	0.8000	0.2000	0
		MH	0	0	0.8846	0.1154
		H	0	0	0	1
东部	L	L	NaN	NaN	NaN	NaN
		ML	NaN	NaN	NaN	NaN
		MH	0	0	0.8750	0.1250
		H	0	0	0	1

地区	邻接类型	等级	L	ML	MH	H
东部	ML	L	0.8571	0.1429	0	0
		ML	0	1	0	0
		MH	0	0	0	1
		H	0	0	0	1
	MH	L	1	0	0	0
		ML	0	0.8000	0.2000	0
		MH	0	0	1	0
		H	0	0	0	1
	H	L	0.9000	0.1000	0	0
		ML	0	0.7500	0.2500	0
		MH	0	0	0.8000	0.2000
		H	0	0	0.3333	0.6667
中部	L	L	0.5714	0.4286	0	0
		ML	0	1	0	0
		MH	NaN	NaN	NaN	NaN
		H	NaN	NaN	NaN	NaN
	ML	L	0.6667	0.3333	0	0
		ML	0	0.4000	0.6000	0
		MH	0	0	0.5000	0.5000
		H	NaN	NaN	NaN	NaN
	MH	L	0.6667	0.3333	0	0
		ML	0.2000	0.4000	0.4000	0
		MH	0	0	0.8750	0.1250
		H	0	0	0	1
	H	L	0	1	0	0
		ML	0	1	0	0
		MH	0	0	0.5000	0.5000
		H	0	0	0	1

续表

地区	邻接类型	等级	L	ML	MH	H
西部	L	L	0.8333	0.1667	0	0
		ML	0	0.5000	0.5000	0
		MH	0	0	1	0
		H	NaN	NaN	NaN	NaN
	ML	L	0.6667	0.3333	0	0
		ML	0.2000	0.6000	0.2000	0
		MH	0	0.3333	0.3333	0.3334
		H	NaN	NaN	NaN	NaN
	MH	L	0.8462	0.1538	0	0
		ML	0	0.8000	0.1333	0.0667
		MH	0	0	0.9231	0.0769
		H	0	0	0.0588	0.9412
	H	L	0.6667	0.3333	0	0
		ML	0	0.8000	0.2000	0
		MH	0	0	0.5000	0.5000
		H	0	0	0	1
东北	L	L	1	0	0	0
		ML	NaN	NaN	NaN	NaN
		MH	0	0	1	0
		H	NaN	NaN	NaN	NaN
	ML	L	1	0	0	0
		ML	NaN	NaN	NaN	NaN
		MH	0	0	0.5000	0.5000
		H	0	0	0	1
	MH	L	0.3333	0.6667	0	0
		ML	0.1667	0.5000	0.3333	0
		MH	0	0.2500	0.7500	0
		H	0	0	0	1

续表

地区	邻接类型	等级	L	ML	MH	H
东北	H	L	NaN	NaN	NaN	NaN
		ML	NaN	NaN	NaN	NaN
		MH	NaN	NaN	NaN	NaN
		H	NaN	NaN	NaN	NaN

（1）我国人工智能产业发展的空间转移规律。当邻近省域人工智能产业发展处于低等级时，低等级省域实现正向转移的概率为 0.1000；以中低等级的省域为邻时，低等级省域有 0.9535 的概率保持不变，有 0.0465 的概率会上升至中低等级，中低等级省域实现正向转移的概率为 0.1429，而中高等级向上转移的概率为 0.1667；在中高等级邻近省域的带动下，低等级省域下一年发展至中低等级的概率为 0.5556，中低等级省域实现正向转移的概率为 0.1379，中高等级实现正向转移的概率上升至 0.1429；当邻近省域人工智能产业发展处于高等级时，中低等级省域实现正向转移的概率为 0.2000，中高等级省域次年发展至高等级的概率仅为 0.1154。综上所述，我国人工智能产业发展与相邻区域人工智能产业发展等级条件有较大的相关性。低等级省域使周围省域维持原有等级的概率增大，制约了周围地区的发展潜力，可能导致低等级、中低等级、中高等级和高等级的俱乐部趋同现象加剧，总体呈现出多级分化格局。而高等级省域对周围地区人工智能产业发展具有正向影响效应，以高等级省域为邻时周围地区人工智能产业发展等级向下转移的概率减弱，辐射带动周围地区人工智能产业发展。

（2）东部地区人工智能产业发展的空间转移规律。以人工智能产业发展处于低等级的省域为邻，中高等级省域次年发展至高等级的概率为 0.1250，高等级省域次年维持原有等级的概率为 1；当邻近省域人工智能产业发展处于中低等级时，低等级省域向上转移的概率为 0.1429，中低等级次年维持原有等级的概率为 1，中高等级省域实现正向转移的概率为 1，高等级省域次年发展保持平稳的概率为 1；当邻近省域人工智能产业发展处于中高等级时，中低等级省域实现正向转移的概率为 0.2000，低等级、中高等级和高等级省域次年维持原有等级的概率均为 1；在高等级邻近省域的带动下，低等级省域向上转移的概率为 0.1000，中低等级省域次年发展至中高等级的概率为 0.2500，中高等级省域实现正向转移的概率为 0.2000，高等级省域向下转移的概率上升至 0.3333。综上所述，东部地区人工智能产业发展处于低等级的省域自我发展能力较弱，靠自身力量促进人工智能产业发展比较困难，而中高等级省域存在一定的空间渗透性，以中低等级省域为邻能够带动低等级省域人工智能产业发展。东部地区人工智能产业发展处于高等级的省域存在发展等级向下转移的可能性，以高等级省域为邻时人工智能产业发展等级发展倒退的概率增大。

（3）中部地区人工智能产业发展的空间转移规律。当邻近省域人工智能产业发展处于低等级时，低等级省域次年发展至中低等级的概率为 0.4286；以人工智能产业发展处于中低等级的省域为邻，低等级省域实现正向转移的概率为 0.3333，中低等级省域次年发展至中高等级的概率为 0.6000，中高等级次年发展至高等级的概率为 0.5000；在中高等级邻近省域的带动下，低等级省域实现正向转移的概率为 0.3333，中低等级省域次年发展至中高等级的概率为 0.4000，中高等级向上转移的概率为 0.1250；在高等级邻近省域的带动下，低等级省域实现正向转移的概率为 1，中高等级向上转移的概率为 0.5000。综上所述，空间滞后类型对中部地区人工智能产业发展存在影响，且处于不同发展等级的省域受空间滞后的影响存在差异。人工智能产业发展等级较低的省域对空间滞后类型的变化存在较强的敏感性，随相邻区域人工智能产业发展等级的提高，低等级省域实现正向转移的概率显著提高，高等级邻近省域能以 100% 的概率带动低等级省域的人工智能产业发展等级向上转移，而高等级省域基本不受空间滞后类型影响。

（4）西部地区人工智能产业发展的空间转移规律。以人工智能产业发展处于低等级的省域为邻，低等级省域随后年份仍保持在该等级的概率为 0.8333，向中低等级转移的概率为 0.1667，中低等级省域实现正向转移的概率为 0.5000；当邻近省域人工智能产业发展处于中低等级时，低等级省域实现正向转移的概率为 0.3333，中低等级省域向上与向下转移的概率均为 0.2000，中高等级省域向上转移的可能性相对较大，概率值为 0.3334，同时存在负向转移的可能，概率值为 0.3333；当邻近省域人工智能产业发展处于中高等级时，低等级省域实现正向转移的概率为 0.1538，中低等级省域次年发展至中高等级的概率为 0.1333，正向跳跃式转移的概率为 0.0667，中高等级省域向上转移的概率为 0.0769；在高等级邻近省域的带动下，低等级省域实现正向转移的概率为 0.3333，中低等级省域向上转移的概率为 0.2000，中高等级省域次年发展至高等级的概率为 0.5000。综上所述，西部地区人工智能产业发展等级受相邻地区发展背景影响较大，与人工智能产业发展等级较低的省域为邻一定程度上抑制了人工智能产业发展，而发展等级较高的省域存在正向溢出效应，以高等级省域为邻会带动周边省域人工智能产业发展，增加上升转移的概率。

（5）东北地区人工智能产业发展的空间转移规律。当邻近省域人工智能产业发展等级处于低等级时，低等级和中高等级省域次年维持原有等级的概率均为 1；以中低等级省域为邻，中高等级向高等级转变的概率为 0.5000，低等级和高等级次年保持平稳的概率均为 1；在中高等级的邻域环境中，低等级省域实现正向转移的概率为 0.6667，中低等级省域下一年发展至中高等级的概率是 0.3333，中高等级向下转移的概率为 0.2500，高等级省域次年维持原有等级的概率为 1。综上所述，东北地区人工智能产业发展处于高等级省域自我发展能力较强，不易受邻近区域影响。

7.5 本章小结

本章采用 Kernel 估计函数描述了 2009～2018 年全国及"四大板块"人工智能产业发展的分布形态，利用传统 Markov 链和空间 Markov 链分析方法刻画了全国及"四大板块"人工智能产业发展的长期趋势，进一步揭示出样本考察期内全国及"四大板块"人工智能产业发展的时序演进趋势和空间转移规律，研究结论如下：

（1）Kernel 密度估计方法刻画了我国人工智能产业发展的分布动态演进特征，其主要结论为：全国及"四大板块"人工智能产业发展分布曲线随时间推移整体保持右移趋势，且高值区人工智能产业发展的提升幅度大于低值区人工智能产业发展的提升幅度；全国及"四大板块"人工智能产业发展分布的主峰高度随时间推移呈现下降趋势，主峰宽度呈现扩大态势，总体离散程度逐渐扩大；全国及"四大板块"人工智能产业发展分布均呈现右拖尾趋势，表明我国人工智能产业发展存在"优中更优"的现象；我国整体人工智能产业长期呈现多级分化态势，"四大板块"人工智能产业存在不同程度的极化趋势，其中东部地区由两极分化逐步向多级分化过渡，中部地区和西部地区由单峰分布形态演化为多峰分布形态，而东北地区由单峰形态逐渐转变成偏态"M"双峰形态。

（2）Markov 链分析揭示了全国及"四大板块"人工智能产业发展相对位置的变化及具体转移规律，其主要结论为：在不考虑空间滞后因素的条件下，全国及"四大板块"人工智能产业发展等级向上转移和向下转移的惰性较大，固化效应较强，组间转移概率较低，呈现出不同程度的俱乐部趋同现象。相比于负向转移，全国及"四大板块"人工智能产业发展实现正向转移的概率相对较大。除西部地区外，2009～2018 年全国、东部、中部及东北地区人工智能产业发展均不存在跳跃式转移。考虑空间滞后因素后，全国及"四大板块"人工智能产业发展与空间滞后类型存在一定的相关性，且处于不同发展等级的省域受空间滞后的影响存在差异。人工智能产业发展处于高等级省域自我发展能力较强，不易受邻近区域影响，而人工智能产业发展处于低等级、中低等级和中高等级省域相对易受邻近区域影响。

前述研究结果表明，我国人工智能产业发展存在显著的空间集聚性，与此同时，人工智能产业区域异质性显著，省域人工智能产业发展差异呈现逐渐降低的趋势，但"四大板块"内部差异不断扩大，逐渐形成了不同程度的俱乐部趋同现象。那么，是什么原因造成了省域人工智能产业发展的差异？是什么因素影响了人工智能产业发展水平的提升？这些因素在省域视角下是否存在空间溢出性效应？不同影响因素对于人工智能产业发展的驱动作用及空间溢出效应有何异同？鉴于此，本章基于我国 30 个省份 2009～2018 年人工智能产业发展评价值，通过引入空间计量模型探究各关键驱动因素对人工智能产业发展的影响程度及其空间溢出效应。这不仅有助于探究我国人工智能产业发展的驱动因素，而且对于扩大关键要素的空间溢出效应，消除各省域间人工智能产业发展不均衡，实现协同发展具有重要的现实意义。

8.1　研究方法

由上文分析可知，我国人工智能产业发展存在空间正相关性，全局空间集聚效应显著，采用传统计量方法探究我国人工智能产业发展的影响因素违背了研究区域空间单元相互独立的假设，必定会因模型设定有误导致回归结果失真，因此应将我国人工智能产业的空间效应纳入经典计量经济模型，运用空间计量经济模型进行实证研究。

8.1.1 空间计量模型

空间计量经济学的概念最早由帕林克（Paelinck，1979）提出，后经安瑟林（Anselin，1997）等人不断拓展完善，逐步形成了空间计量经济学的理论框架体系（李婧等，2010）。空间计量经济学模型根据不同的空间因素引入方式，一般分为三类：一是区域经济现象会通过空间相互作用对其相邻区域的经济现象产生影响；二是由于相邻区域存在某种相似特征，在面临外在冲击时，其经济现象会表现出相似的波动规律（郭国强，2013）；三是由于空间效应的传导作用，区域经济现象可能同时受自身自变量及相邻地区经济现象和自变量的影响（白俊红等，2017）。依据上述分析，经典空间计量模型包括空间误差模型、空间滞后模型、空间杜宾模型。

8.1.1.1 空间误差模型（SEM）

空间误差模型假设空间效应产生于误差项中，用于反映相邻区域关于被解释变量的误差冲击对本地被解释变量的影响。空间误差模型的基本设定如下：

$$\begin{cases} Y = X\beta + \varepsilon \\ \varepsilon = \lambda W\varepsilon + \mu \\ \mu \sim N(0,\ \sigma^2 I) \end{cases} \tag{8-1}$$

其中，Y 是被解释变量矩阵，X 是解释变量矩阵，W 是 $n \times n$ 的空间权重矩阵，ε 是随机误差项，μ 是随机误差项，λ 是空间误差系数，反映了变量残差空间相关性的大小。

8.1.1.2 空间滞后模型（SLM）

空间滞后模型，又称空间自回归模型（SAR），假设空间效应存在于被解释变量的滞后项中，用于探讨被解释变量对邻近区域的空间溢出效应。空间滞后模型的基本设定如下：

$$\begin{cases} Y = \rho WY + X\beta + \varepsilon \\ \varepsilon \sim N(0,\ \sigma^2 I) \end{cases} \tag{8-2}$$

其中，Y 是被解释变量矩阵，X 是解释变量矩阵，W 是 $n \times n$ 的空间权重矩阵，ε 是随机误差项，ρ 是空间自回归系数，反映了被解释变量空间相关性的大小。

8.1.1.3 空间杜宾模型（SDM）

空间杜宾模型同时考虑上述两类空间传导机制，反映了被解释变量不仅受本地区解释变量的影响，还受到邻近区域被解释变量和解释变量的影响。空间杜宾模型的基本设定如下：

$$\begin{cases} Y = \rho WY + X\beta + WX\theta + \varepsilon \\ \varepsilon \sim N(0, \ \sigma^2 I) \end{cases} \tag{8-3}$$

其中，Y 是被解释变量矩阵，X 是解释变量矩阵，W 是 $n \times n$ 的空间权重矩阵，ρ 是空间自回归系数，反映了邻近地区被解释变量对本地区的空间影响，θ 表示邻近区域解释变量对本地区被解释变量的空间影响，ε 是随机误差项。

8.1.2 空间计量模型的选择

由于不同空间类型的空间计量模型具有不同的经济含义，为获取拟合效果最优的空间计量模型，剖析影响我国人工智能产业发展的关键因素，需对空间计量模型进行遴选。本书借鉴安瑟林（Anselin，1988）、埃尔霍斯特（Elhorst，2014）关于空间计量模型的选择研究，参考向堃（2016）、洪雪飞（2019）的选择流程，具体流程如下：

首先，对随机效应和固定效应进行选择。基于 Hausman 检验，假设随机效应优于固定效应，如果拒绝原假设，则选择固定效应。

其次，对空间滞后模型和空间误差模型进行选择。基于 LM 检验，如果 LM-err 和 LM-sar 统计量均不显著，则选择普通面板回归。如果 LM-sar 统计量显著，LM-err 统计量不显著，则选择空间滞后模型；如果 LM-err 统计量显著，但 LM-sar 统计量不显著，则采用空间误差模型。若 LM-err 和 LM-sar 统计量均显著，则继续考察 Robust LM-err 和 Robust LM-sar 统计量的显著性。如果 Robust LM-err 统计量显著，但 Robust LM-sar 统计量不显著，则选择空间误差模型；如果 Robust LM-sar 统计量显著，Robust LM-err 统计量不显著，则选择空间滞后模型。

最后，判别空间杜宾模型能否转化成空间误差模型或空间滞后模型。在 LM 检验拒绝非空间模型而支持空间误差模型或空间滞后模型的基础上，基于 LR 检验：若接受空间杜宾模型能转化成空间滞后模型的原假设，且 LM 检验也指向空间滞后模型，则说明空间滞后模型为最优模型；若接受空间杜宾模型能转化成空间误差模型的原假设，且 LM 检验也指向空间误差模型，则说明空间误差模型为最优模型；若拒绝原假设，则空间杜宾模型不能转化成空间误差模型或空间滞后模型。

8.2　理论分析框架

前述从产业发展基础、产业发展动力、产业发展质量三个维度构建了人工智能产业发展评价指标体系，共包含 21 个具体指标。上述指标均直接反映人工智能产业发展的现实水平，具有内向性特征。为进一步推动人工智能产业发展，本书在人工智能产业发展水平评价基础之上，从宏观角度选取能够促进人工智能产业发展的关键驱动因素，剖析影响人工智能产业发展的外生性因素。通过对现有文献的研究，本书将从信息化水平、市场化水平、开放程度和技术进步四个方面进行分析。

8.2.1　信息化水平

随着物联网、云计算等新一代信息技术的不断优化发展，以数字化、电子化和网络化为核心的信息化已成为引领地区创新和产业转型、提高产业经济效益的重要支撑（刘晓阳等，2019）。人工智能产业作为信息依赖型和知识密集型产业，其产生依托于信息技术和网络，其发展离不开信息化的推动与促进。

（1）信息化水平的提高拓宽人工智能产业的发展空间。

首先，信息化水平的提高有利于突破地理边界的限制，改善了人工智能企业与外部环境的沟通，促使企业通过网络效应与其他供应商及客户建立联系，扩大企业服务半径，从而激发更大的市场潜力。信息化的发展会促进区域内部人工智能产业的互动交流，加强信息的有效整合，从而形成涵盖人工智能知识信息的交流网，提高人工智能企业信息交流的效率和质量。

（2）信息化的提高有效降低了人工智能产业的信息成本。首先，基于高度网络化的社会发展特征，信息化水平的提高使网络内人工智能企业沟通、谈判和交易的成本降低，增强企业应对市场波动的适应力和抵抗力。其次，信息化网络将带来数据量与数据分析能力的指数级增长，帮助人工智能企业在短时间内作出最优决策，降低时间成本和贸易成本。

8.2.2 市场化水平

政府管理水平和地区公共服务能力往往与市场化水平成正比关系，市场化水平越高，政府管理水平和地区公共服务能力越优，市场运行机制越完善，市场竞争环境越好，为产业提供的发展空间越大。从人工智能产业角度而言，市场化水平通过优化资源配置效率、营造公平市场竞争环境，从而降低人工智能产业运行成本和增强风险适应能力。

（1）市场化水平的提高为加速人工智能产业资源配置效率提供有利抓手，降低人工智能产业市场运行成本。首先，在以市场为主导的环境中，传播信息和资源的渠道更多样化，人工智能产业资源要素可以通过自由流动，达到资源的合理利用和最优配置。其次，市场化水平较高的地区相较于其他地区，对价格信号波动更敏锐，人工智能产业能够及时掌握市场供求关系的变化，这在一定程度上降低产业对信息和资源的获取成本以及固定资产的投入，为人工智能产业获取高额利润和持续发展提供市场基础。

（2）市场化水平的提升为营造良好市场环境奠定基础，有助于人工智能产业提升快速适应能力。首先，随着市场化水平的深入发展，市场机制和市场环境更加完善、透明，市场竞争的公平性和有效性得到保障，有助于人工智能产业公平竞争，增强产业发展活力。其次，全面的市场要素配置、自由化的产品和服务以及成熟的市场机制，促使人工智能企业快速适应市场环境和政策，从而提升人工智能产业核心竞争力。

8.2.3 对外开放程度

改革开放以来，中国抓住经济全球化的重要机遇，积极引进外资，充分发挥劳动力充裕等比较优势，深度融入全球价值链，并取得巨大发展成就（高凌云、臧成伟，2020）。扩大对外开放，不仅可以加大对劳动力、资金、技术、信息等生产要素的引入和集聚，而且可以增加产业的市场供给和需求能力。对人工智能产业而言，作为技术密集型、资金密集型和知识密集型产业，其对技术、资金、知识具有强烈需求。因而，对外开放程度对人工智能产业的发展具有一定的推动作用。

（1）对外开放的技术溢出效应为人工智能产业技术进步提供基础。首先，对外开放为地区引入先进技术和管理手段，改变人工智能产业技术创新环境，促使企业加大研发投入，从而提高人工智能产业的自主创新能力。其次，在引入外资的过程中，国内人工智能企业会迫于竞争压力，不断增加科研投入，提高技术创新水平。

（2）对外开放加快人工智能产业要素积累进程。基于要素积累机制，对外开放通过提高地区对人力资本和物质资本的需求，进而促进物质资本和人力资本的积累，满足人工智能产业发展的需要。

8.2.4 技术进步

目前，我国正处于新一轮科技革命和产业变革的交汇点，大数据的积累、计算能力的增长及理论算法的演进，驱动人工智能产业发展进入新阶段，但我国人工智能产业发展仍面临高端人工智能技术和中低端产业之间的脱节现象严重等问题。技术进步作为推动经济社会发展的内在动力，通过模仿创新、技术引进、自主研发等路径促使产业资源要素配置效率得到优化，作用于产业发展的全过程，是推动产业发展的直接动力。因此，技术进步是实现人工智能产业持续发展的基础保障和外生动力。首先，模仿创新规避了研发初期的风险投入，可快速获取先进技术，并节约大量研发成本，有利于减少人工智能产业技术创新成本。其次，以技术引进为路径的技术进步，可以快速实现技术的更新，弥补人工智能技术缺陷带来的劣势，并加速人工智能企业业务流程改造进程和生产要素的组合方式，从而最终实现人工智能产业高质量发展。最后，以自主研发为路径的技术投入，有利于人工智能产业形成独有的技术优势，同时提高产业对技术的学习和模仿能力，促使市场要素和技术要素间的优化配置，进而提高产业的劳动生产效率。

8.3 数据来源与变量指标选取

8.3.1 数据来源说明

本书所涉及的相关数据均来自《中国贸易外经统计年鉴》《中国科技统计年鉴》《中国统计年鉴》《中国市场化指数》。此外，在收集整理数据过程中，由于数据的可获得性，存在部分数据缺失问题，为保证数据完整性，本书采用均值法对缺失数据进行补齐。

8.3.2 变量指标选取

根据上述理论分析框架，本书以实证结果所得的我国人工智能产业发展水平评价值为被解释变量，选取信息化水平、市场化水平、对外开放程度和技术进步四个要素为解释变量，实证考察各变量对我国人工智能产业高质量发展的影响，各变量的详细解释如下：

（1）信息化水平。信息化水平反映了通过互联网、物联网、大数据等现代通信技术实现信息资源共享，提高整体资源利用效率，降低信息成本的程度。本书采用互联网覆盖率作为信息化水平的代理变量。互联网覆盖率是互联网用户数占地区常住人口的比重，反映了地区互联网基础设施覆盖水平，体现了不同地区信息化发展水平。互联网覆盖率越高，地区信息化水平越高。

（2）市场化水平。市场化水平反映了通过市场运行机制，优化资源配置效率的能力。本书采用中国市场化指数作为市场化水平的代理变量。中国市场化指数从政府与市场的关系、非国有经济的发展、要素市场和产业市场的发育程度、市场中介组织发育和法律制度环境五个方面全面反映市场化发展进程。中国市场化指数越高，地区市场化水平越高。

（3）对外开放程度。对外开放程度反映了资本、知识、劳动力等生产要素在空间集聚的能力。本书采用外商投资企业投资总额作为对外开放程度的代理变量。随着对外开放的不断深入，外商投资的引入可以进一步释放我国人工智能产业发展活力，因此外商投资企业投资总额在较大程度上反映了地区对外开放程度。

（4）技术进步。技术进步通过模仿创新、技术引进、自主研发等路径实现人工智能技术和产品的更新升级，对人工智能产业的科创能力提升具有重要意义。本书采用各地区研究与试验发展经费内部支出作为技术进步的代理变量。各地区研究与试验发展经费内部支出是指某地区在一定时期内用于开展研发活动的实际支出，反映了我国各地区技术进步水平。

鉴于上述指标数据间的量纲、量级不同，运用原始数据可能导致回归结果有误，因此本书采用倍数法对原始数据进行无量纲化处理，具体指标数据的名称、含义和统计描述如表8-1所示。

表8-1　　　　　　　　　影响因素代理变量描述性统计

解释变量	符号	代理变量	预期	样本数	均值	标准差	最大值	最小值
信息化水平	xxh	互联网覆盖率	+	300	0.046	0.014	0.078	0.015
市场化水平	sch	中国市场化指数	+	300	0.142	0.232	1.924	0.002
对外开放程度	$kfcd$	外商投资企业投资总额	+	300	0.641	0.188	1.046	0.233
技术进步	$jsjb$	各地区研究与试验发展经费内部支出	+	300	0.413	0.492	2.705	0.006

8.4　空间计量模型构建与实证分析

根据空间计量模型的原理及我国人工智能产业发展影响因素的理论分析

框架，构建我国人工智能产业发展的空间滞后模型、空间误差模型、空间杜宾模型，具体如下：

$$\ln rgzn_{it} = \rho \sum_{j=1}^{N} W_{ij} \ln rgzn_{jt} + \beta X_{it} + \varepsilon_{it} \qquad (8-4)$$

$$\ln rgzn_{it} = \beta X_{it} + \varepsilon_{it}$$

$$\varepsilon_{it} = \lambda W \varepsilon_{it} + \mu_{it} \qquad (8-5)$$

$$\ln rgzn_{it} = \rho \sum_{j=1}^{N} W_{ij} \ln rgzn_{jt} + \beta X_{it} + \theta \sum_{j=1}^{N} W_{ij} X_{jt} + \varepsilon_{it} \qquad (8-6)$$

式中，$rgzn_{it}$ 是指第 i 个空间单元第 t 年人工智能产业发展水平评价值，β 是自变量系数值，W 是空间权重矩阵，ρ 是空间自回归系数，λ 是空间误差系数，ε_{it} 是随机扰动项，X_{it} 为解释变量取对数构成的向量。

8.4.1 模型的设定与检验

基于前文分析，在距离权重矩阵、经济意义权重矩阵和地理经济嵌套权重矩阵三种空间权重下，全局 Moran's I 指数均显著为正，初步证明我国人工智能产业发展具有空间效应，应引入空间计量模型进行检验。根据空间计量模型选择流程，依次进行 Hausman 检验、LM 检验、LR 检验。

8.4.1.1 Hausman 检验

基于 Hausman 检验结果确定选择随机效应面板模型或固定效应面板模型。根据表 8 - 2 中 Hausman 检验结果可知，估计值为 15.94，p 值为 0.0031，通过显著性检验，表明拒绝随机效应优于固定效应的原假设，应使用固定效应面板模型。

表 8 - 2　　　　　　　　　　　Hausman 检验结果

Hausman 检验	估计值	p 值
原假设：随机效应优于固定效应	15.94	0.0031

8.4.1.2 LM 检验

基于 LM 检验结果进行空间滞后模型或空间误差模型的选择。根据表 8 - 3 中 LM 检验结果可知，距离权重矩阵下 LM-err、LM-sar、Robust LM-err、Robust LM-sar 统计量均通过显著性检验；经济意义权重矩阵下 LM-err、LM-sar、Robust LM-sar 统计量显著，但 Robust LM-err 统计量没有通过显著性检验；地理经济嵌套权重矩阵下，LM-sar、Robust LM-err、Robust LM-sar 统计量通过显著性检验，但 LM-err 统计量没有通过显著性检验。上述结果表明，三种权重矩阵下，空间滞后模型略优于空间误差模型。

表 8 - 3　　　　　　　　三种空间权重矩阵下的 LM 检验结果

LM 检验	距离矩阵		经济矩阵		地理经济矩阵	
	统计量	p 值	统计量	p 值	统计量	p 值
LM-err	10. 207	0. 001	3. 723	0. 054	0. 070	0. 791
Robust LM-err	26. 997	0. 000	0. 205	0. 651	4. 350	0. 037
LM-sar	20. 264	0. 000	11. 698	0. 001	23. 460	0. 000
Robust LM-sar	37. 034	0. 000	8. 179	0. 004	27. 739	0. 000

8.4.1.3 LR 检验

LM 检验拒绝了非空间模型的假设，支持空间滞后模型略优于空间误差模型，但选择这两种模型时应充分考虑空间杜宾模型是否优于空间滞后模型或空间误差模型。因此，为确保空间计量模型选取的可靠性，进一步采用 LR 检验考察空间杜宾模型能否转化为空间滞后模型或空间误差模型。根据表 8 - 4 中 LR 检验结果可知，三种空间权重矩阵下，均拒绝了空间杜宾模型可以转化为空间滞后模型或空间误差模型的原假设，因此应当选择空间杜宾模型。

表 8 – 4 三种空间权重矩阵下的 LR 检验结果

LR 检验	反距离矩阵		经济矩阵		经济距离矩阵	
	统计量	p 值	统计量	p 值	统计量	p 值
SDM 可以简化为 SAR	30. 19	0. 0000	37. 90	0. 0000	27. 73	0. 0000
SDM 可以简化为 SEM	25. 77	0. 0000	16. 95	0. 0020	8. 51	0. 0747

8.4.2 结果分析

依据上述检验结果，Hausman 检验支持固定效应模型，LM 检验支持空间滞后模型略优于空间误差模型，但 LR 检验支持空间杜宾模型，因此本书选取固定效应空间杜宾模型探究我国人工智能产业发展的影响因素。鉴于空间杜宾模型所估计的系数不能直接表征各解释变量对我国人工智能产业发展的影响，也不能直观表示直接效应、空间溢出效应，所以不能采用传统面板回归模型解释方法对空间杜宾模型的回归结果加以解释。因此，需要利用空间杜宾模型的空间效应分解方法对所得系数进行分解，从而计算出各解释变量的直接效应、间接效应和总效应，以便精确剖析各解释变量对我国人工智能产业发展的空间溢出效应。具体空间效应分解结果如表 8 – 5 所示，其中直接效应反映了空间单元解释变量的变动对自身被解释变量的影响，间接效应反映了邻近空间单元解释变量的变动对本地区被解释变量的影响，总效应是直接效应和间接效应之和，反映了空间单元解释变量对人工智能产业发展的总体影响。

表 8 – 5 基于固定效应的空间杜宾模型空间效应分解

类别	变量	距离矩阵	经济矩阵	地理经济矩阵
直接效应	lnxxh	0. 5597 *** (0. 000)	0. 3643 *** (0. 000)	0. 3822 *** (0. 000)
	lnsch	0. 3253 *** (0. 006)	0. 2774 ** (0. 014)	0. 2634 ** (0. 024)
	ln$kfcd$	0. 0636 * (0. 057)	0. 0980 *** (0. 002)	0. 0845 *** (0. 009)
	ln$jsjb$	0. 5092 *** (0. 000)	0. 5209 *** (0. 000)	0. 5132 *** (0. 000)

续表

类别	变量	距离矩阵	经济矩阵	地理经济矩阵
间接效应	lnxxh	− 0. 8922 *** (0. 000)	0. 2333 *** (0. 005)	0. 4477 ** (0. 035)
	lnsch	0. 1036 (0. 173)	0. 1781 ** (0. 039)	0. 3041 * (0. 089)
	ln$kfcd$	0. 0187 (0. 236)	0. 0632 ** (0. 016)	0. 0974 * (0. 072)
	ln$jsjb$	0. 1672 (0. 115)	− 0. 4126 *** (0. 000)	− 0. 6339 *** (0. 003)
总效应	lnxxh	− 0. 3325 (0. 114)	0. 5975 *** (0. 000)	0. 8299 *** (0. 003)
	lnsch	0. 4289 ** (0. 006)	0. 4555 ** (0. 016)	0. 5675 ** (0. 037)
	ln$kfcd$	0. 0824 * (0. 051)	0. 1614 *** (0. 003)	0. 1819 ** (0. 020)
	ln$jsjb$	0. 6764 *** (0. 000)	0. 0675 (0. 572)	− 0. 1207 (0. 582)
rho		0. 2372 * (0. 055)	0. 4126 *** (0. 000)	0. 5389 *** (0. 000)
R-squared		0. 9098	0. 8744	0. 8929
Log-L		176. 9428	187. 4643	181. 3077
样本数		300	300	300

注：*、**、*** 分别表示在10%、5%、1%水平下显著。

由表 8 - 5 可知，我国人工智能产业发展水平空间外溢效应明显。距离权重矩阵、经济意义权重矩阵和地理经济嵌套权重矩阵下的空间自回归系数 rho 均显著为正，说明邻近地区人工智能产业发展对本地区有显著正向影响，与前文所述的我国人工智能产业发展水平存在显著空间正相关性，空间效应明

显的结论一致。三种空间权重矩阵的空间自回归系数分别为 0.2372、
0.4126、0.5389，相邻地区人工智能产业发展水平每提高 1%，将带动本地
区人工智能产业发展水平分别上升 0.2372%、0.4126%、0.5389%。这进一
步表明我国省域人工智能产业发展相互联系、相互影响，邻近省域人工智能
产业发展水平与本省域人工智能产业发展水平存在明显的空间效应。

通过对比三种权重矩阵下回归结果的系数显著性水平、拟合优度及对数
似然值，可以发现，较之距离权重矩阵和经济意义权重矩阵下的空间杜宾模
型回归结果，兼顾距离效应和经济效应的地理经济嵌套空间权重矩阵下的空
间杜宾模型回归结果更加贴近客观事实。因此本书将根据地理经济嵌套空间
权重矩阵下的固定效应空间杜宾模型回归结果来识别我国人工智能产业发展
的影响因素。

8.4.2.1 信息化水平

信息化水平对人工智能产业发展的直接效应系数为 0.3822，通过了 1%
的显著性水平检验对此，信息化水平每提升 1%，将带动我国人工智能产业
发展水平提升 0.3822%，这说明信息化水平是促进我国人工智能产业发展的
重要驱动因素。对此，可能的解释如下：第一，从信息化自身特性出发，信
息化过程蕴含高新技术产业的快速成长机制、高效的产业资源配置效率以及
提高产业附加值等特点，这直接加速了人工智能产业的改造、升级、高质量
发展；第二，人工智能产业作为信息密集型和知识密集型产业，仅依靠地理
区位优势发展人工智能产业势必存在局限性，信息化水平的提升能带来信息
传输质量的提升，有利于扩大人工智能产业发展的市场潜能，在一定程度上
代替和拓展了空间要素对人工智能产业发展的影响，弥补地理因素对人工智
能产业发展的限制。信息化水平对人工智能产业发展的间接效应系数为
0.4477，通过 5% 的显著性水平检验。这表明本省域人工智能产业发展不仅
受自身信息化水平的影响，而且会受到邻近省域信息化水平正向溢出效应的
影响。原因可能是，在信息化融入本省域人工智能产业发展的过程中创新溢
出效应明显，有利于相邻省域人工智能产业间的知识交流，从而有力促进邻
近省域人工智能产业发展进程。

8.4.2.2 市场化水平

市场化水平对人工智能产业发展的直接效应系数为 0.2634，通过了 5% 的显著性水平检验，市场化水平每提升 1%，将带动我国人工智能产业发展水平提升 0.2634%，这说明市场化水平能显著提高我国人工智能产业发展水平。对此，可能的解释如下：第一，市场化水平高的省域，其省域社会经济活跃度高，有利于资本、人才等优质要素资源在此集聚，为人工智能产业发展提供要素支撑；第二，市场化水平的提高，完善了人工智能产业发展所需的政策设施，为人工智能产业发展营造公平透明的市场营商环境和规范的市场秩序，可以有效节约人工智能产业经济活动的交易成本；第三，受市场竞争机制的驱动，市场化会带来人工智能企业间的激烈竞争，为追求企业利润最大化，人工智能企业会在价格机制和供求关系的指导下，通过激发创新活力以增强市场竞争力，有利于释放人工智能企业的发展潜能。市场化水平对人工智能产业发展的间接效应系数为 0.3041，通过 10% 的显著性水平检验。这表明本省域人工智能产业发展不仅受自身市场化水平的影响，而且会受到邻近省域市场化水平正向溢出效应的影响。通过要素扩散效应的驱动作用，市场化的"无形之手"会打破省域人工智能产业市场交易壁垒，促使邻近省域人工智能产业共赢发展。因此，市场化水平的提升不仅显著提高本省域人工智能产业发展，还进一步促进邻近省域人工智能产业的提升。

8.4.2.3 对外开放程度

对外开放程度对人工智能产业发展的直接效应系数为 0.0845，通过了 1% 的显著性水平检验，对外开放程度每提升 1%，将带动我国人工智能产业发展水平提升 0.0845%，这说明对外开放程度能有效提高我国人工智能产业发展水平，但相对信息化水平、市场化水平和技术进步而言，影响程度较弱。对此，可能的解释如下：第一，人工智能产业作为新一轮科技革命与产业变革的重要驱动力量，是技术周期长、研发投入高的产业，通过对外开放水平的提高，不仅可以获得国外先进管理经验和技术，也在一定程度上也能够减少研发投入，节约成本；第二，对外开放程度越高，说明地区经济环境越开放，地区吸引外商投资的能力越强，这为人工智能产业发展创造良好资本流通环境；第三，中国幅员辽阔，中西部地区相对于东部地区而言对外开放程度较低，这导致人工智能产业的外贸交流较少，从而在整体上表现出对外开放程度有利于我国人工智能产业发展，但影响程度较低的现象。对外开放程度对人工智能产业发展的间接效应系数为 0.0974，通过 10% 的显著性水平检验。这表明本省域人工智能产业发展不仅受自身对外开放程度的影响，而且会受到邻近省域对外开放程度正向溢出效应的影响。对外开放程度越大，通过产业关联和知识溢出等途径突破省域间地域边界的可能性越大，更有可能实现相邻地区人工智能产业技术交换和信息共享，从而促进本省域人工智能产业的发展。

8.4.2.4 技术进步

技术进步对人工智能产业发展的直接效应系数为 0.5132，通过了 1% 的显著性水平检验，技术进步每提升 1%，将带动我国人工智能产业发展水平提升 0.5132%，这说明技术进步能显著提高我国人工智能产业发展水平，是我国人工智能产业发展的关键影响因素。对此，可能的解释如下：第一，人工智能产业是新一代信息技术产业，在人工智能产业发展的各个环节都离不开技术进步，只有高度发达的技术水平才能为人工智能产品需求方提供服务，因此技术进步是驱动人工智能产业发展的重要外部驱动力；第二，自改革开放以来，我国经济高速发展，科技水平也逐步接近甚至在某些领域已经超过国际技术前沿，自主研发能力不断提高，以自主研发为路径的技术进步已逐渐成为人工智能产业发展的主要方向；第三，技术进步较快的地区可以利用更完善的市场、更有利的发展政策、更高效的配置资源，在一定程度上会提高人工智能产业生产效率，从而加快人工智能产业发展速度。技术进步对人工智能产业发展的间接效应系数为 −0.6339，通过 1% 的显著性水平检验。这表明本省域技术进步有利于促进自身人工智能产业发展，但会通过负向溢出效应抑制邻近省域人工智能产业的提高。对此，可能的解释是，技术进步较快的地区更能吸引邻近省域的人力资源和创新资源，对邻近省域人工智能产业发展具有负向溢出效应。

8.5 本章小结

本章从信息化水平、市场化水平、对外开放程度、技术进步四个层面构建了我国人工智能产业发展驱动机制。在充分探讨其作用机理以及考虑到"我国人工智能产业发展存在空间自相关性"现实条件的基础上，将空间因素纳入传统计量经济模型中。基于此，本章构建距离权重矩阵、经济意义权重矩阵和地理经济嵌套权重矩阵三种空间权重，采用空间计量模型对我国人工智能产业发展的影响因素进行回归分析，并最终确定使用地理经济嵌套权重矩阵下的固定效应空间杜宾模型，根据其回归结果可以得到如下结论：

（1）空间自回归系数 rho 均显著为正，说明我国人工智能产业发展水平空间外溢效应明显，邻近省域人工智能产业的发展及其驱动因素对本省域人工智能产业发展有显著正向影响。

（2）信息化水平、市场化水平、对外开放程度、技术进步的直接效应系数均显著为正，其对本省域人工智能产业发展具有重要推动作用。其中技术进步对提升人工智能产业发展水平的贡献度最大，对外开放程度对提升人工智能产业发展水平的贡献度最小。

（3）信息化水平、市场化水平、对外开放程度的间接效应系数均显著为正，技术进步的间接效应系数显著为负，结果表明邻近省域信息化水平、市场化水平、对外开放程度能够有效促进本省域人工智能产业的发展，邻近省域技术进步则会抑制本省域人工智能的发展。

第9章
研究结论与推进策略

9.1 研究结论

综合上述研究，本书主要研究结论如下：

（1）从时序变化分析可知，就全国及"四大板块"层面而言，全国及"四大板块"人工智能产业及各准则层均呈波动上升态势，呈现中部＞西部＞全国＞东部＞东北的增长态势；就各省域层面而言，全国各省域人工智能产业总体及产业发展基础均呈波动上升的总体态势，人工智能产业发展动力水平除海南、甘肃、青海、新疆、内蒙古5个省域呈下降趋势外，其他省域均呈波动增长的趋势，人工智能产业发展质量水平除天津、吉林、黑龙江、上海、新疆呈下降趋势外，其他省域均呈波动上升态势。从空间分布格局角度分析，我国人工智能产业整体呈现"东部领先、中部追赶、东北及西部落后"的空间分布格局，人工智能产业发展基础及产业发展质量均呈现"东高西低、中高南北低"的空间分布格局，而人工智能产业发展动力则呈现"东部高、中西东北部低"的空间分布格局。

（2）我国省域人工智能产业发展存在显著的空间相关性。根据全局Moran's I指数测算结果，我国人工智能产业发展存在显著的空间正相关性，全局空间集聚程度总体呈现"减小—增大—减小"的波动下降趋势。Moran散点图测算结果表明，我国省域人工智能产业发展的局部空间正相关关系显著，且以低－低关联类型分布为主，主要集中在中部、西部地区；样本考察末期，空间正相关性有所减弱，但省域人工智能产业高水平集聚效应增强。LISA 集聚图分析表明，我国省域人工智能产业发展水平呈显著不均衡分布特征，空间同质性显著，但在考察末期空间异质性有所增强，在空间分布上形成了以上海、浙江、福建为核心辐射长三角及周边地区的高－高集聚区和以新疆、甘肃、青海、宁夏、陕西、四川为核心的低－低集聚区。

（3）我国人工智能产业发展区域差异整体呈现出"上升—下降—上升—下降"的发展态势。从"四大板块"区域内差异看，"四大板块"人工智能产业区域内差异不断扩大，呈现出差异化发展态势，其中，东部地区人工智能产业区域内差异相对较小。从区域间差异看，样本考察期内西部－东部人工智能产业区域间差异最大，位列第一梯队，东北－东部和中部－东部人工智能产业区域间差异位列第二梯队，而东北－西部、西部－中部和东北－中部人工智能产业区域差异相对较小，位列第三梯队。从区域差异来源及贡献度看，区域间差异平均贡献率达 68.75%，明显高于区域内差异和超变密度的贡献率，我国人工智能产业发展总体差异主要来源于区域间差异。我国人工智能产业发展 σ 收敛指数的收敛性具有阶段性特征：2009～2014 年呈现波动下降态势，区域差异不断降低，存在收敛趋势；2014～2018 年呈现轻微波动态势，区域差异略有扩大，存在发散状态。"四大板块"人工智能产业发展 σ 收敛指数的演变轨迹存在差异化特征，基本不支持 σ 收敛假说，呈现出发散状态。

（4）全国及"四大板块"人工智能产业发展的分布动态演进具有显著特征。首先，全国及"四大板块"人工智能产业发展分布曲线随时间推移整体保持右移趋势，且高值区人工智能产业发展的提升幅度大于低值区人工智能产业发展的提升幅度。其次，全国及"四大板块"人工智能产业发展分布的主峰高度随时间推移呈现下降趋势，主峰宽度呈现扩大态势，总体离散程度逐渐扩大。再其次，全国及"四大板块"人工智能产业发展分布均呈现右拖尾趋势，表明我国人工智能产业发展存在"优中更优"的现象。最后，我国整体人工智能产业长期呈现多级分化态势，"四大板块"人工智能产业存在不同程度的极化趋势，其中东部地区由两极分化逐步向多级分化过渡，中部地区和西部地区由单峰分布形态演化为多峰分布形态，而东北地区由单峰形态逐渐转变成偏态"M"双峰形态。

（5）在不考虑空间滞后因素的条件下，全国及"四大板块"人工智能产业发展等级向上转移和向下转移的惰性较大，固化效应较强，组间转移概率较低，呈现出不同程度的俱乐部趋同现象。相比于负向转移，全国及"四大板块"人工智能产业发展实现正向转移的概率相对较大。除西部地区外，2009～2018 年全国、东部、中部及东北地区人工智能产业发展均不存在跳跃式转移。考虑空间滞后因素后，全国及"四大板块"人工智能产业发展与空间滞后类型存在一定的相关性，且处于不同发展等级的省域受空间滞后的影响存在差异。人工智能产业发展处于高等级省域自我发展能力较强，不易受邻近区域影响，而人工智能产业发展处于低等级、中低等级和中高等级省域相对易受邻近区域影响。

（6）我国人工智能产业发展水平空间外溢效应明显，邻近省域人工智能产业的发展及其驱动因素对本省域人工智能产业发展有显著正向影响。信息化水平、市场化水平、对外开放程度、技术进步的直接效应系数均显著为正，其对本省域人工智能产业发展具有重要推动作用。其中技术进步对提升人工智能产业发展水平的贡献度最大，对外开放程度对提升人工智能产业发展水平的贡献度最小。信息化水平、市场化水平、对外开放程度的间接效应系数均显著为正，技术进步的间接效应系数显著为负，结果表明邻近省域信息化水平、市场化水平、对外开放程度能够有效促进本省域人工智能产业的发展，邻近省域技术进步则会抑制本省域人工智能的发展。

9.2 推进策略

（1）强化人工智能产业发展质量，促进人工智能产业生态化发展。我国人工智能产业发展质量增速明显低于产业发展基础和产业发展动力增速，使得整体增速减缓。产业发展质量是人工智能产业发展最为直接的外部呈现，是人工智能产业发展的最终目标和最终归宿。因此，各省域应从人工智能产业发展短板出发，强化产业发展质量，推动人工智能产业生态化发展。第一，公平稳定的营商环境有利于集聚人才、资金、技术等发展要素，激发人工智能企业主体活力，直接影响人工智能产业发展质量和速度。各省域应充分发挥政府宏观调控作用，强化市场在资源配置中的决定性作用，优化政务服务，完善人工智能产业公平竞争的法制环境，进而营造公平稳定透明的人工智能产业营商环境，激发人工智能企业主体活力，推动人工智能企业依据市场竞争、市场价格、市场规则实现企业效益最大和效率最优。第二，建立完整的人工智能产业链有利于提高人工智能产业整体质量和市场竞争力，推动人工智能产业生态化发展。各省域应结合人工智能产业发展现状，以省域内人工智能龙头企业为依托，建立人工智能研发中心，增强人工智能产业核心竞争力，并通过鼓励创业或招商引资等方式补足人工智能产业链，此外可通过品牌引领进一步强化提升人工智能产业关键环节，从而全面提升人工智能产业发展质量，打造具有良好生态的人工智能产业集群。

（2）构建区域人工智能产业合作机制，推动人工智能产业一体化发展。我国人工智能产业发展存在空间正相关性，各省域人工智能产业发展在地理区位上相互作用。因此，各省域应从人工智能产业集聚模式出发，构建区域人工智能产业合作机制，优化区域人工智能产业互助机制，促进区域人工智能产业一体化发展。第一，政府部门应从全局视角主动适应区域一体化发展趋势，帮助搭建区域人工智能产业相关合作交流平台，提供高值集聚区与低值集聚地区的交流纽带，同时高－高集聚省域应充分发挥增长极优势，建立"智者求同"的合作机制以破除区域行政壁垒，促进人工智能产业生产要素在不同板块间双向流动，实现不同板块间人工智能产业优势互补，深化区域人工智能产业合作。第二，政府部门应从企业视角引导不同板块的人工智能企业开展多形式及多渠道合作，优选人工智能产业合作项目，避免不必要的恶性竞争，实现不同人工智能企业的分工与对接、协同与整合，加强培育错位发展和结构有序的人工智能产业链，推动人工智能产业链在"四大板块"有机联动，形成合作收益共享、合作风险共担的局面，以便实现跨市、区和省的人工智能产业利益共同体。

（3）制定"四大板块"协同发展策略，缩小人工智能产业发展差异。我国人工智能产业发展差异的主要来源是四大板块间的差异，缩小区域间差异，促进"四大板块"人工智能产业协同发展，已成为我国人工智能产业协同发展的主要任务。因此，为缓解人工智能产业整体的空间不均衡现象，"四大板块"应立足于地区优势，细化"四大板块"产业分工，制定产业发展策略，形成具有中国特色的人工智能产业发展格局。第一，对于较为发达的东部地区，应该充分利用人工智能产业自身优势，努力实现与国际人工智能产业的融合与接轨，推动人工智能产业参与国际分工，进一步提升人工智能产业发展质量，从而为带动落后区域人工智能产业发展奠定基础。第二，加大对中西部地区人工智能产业的政策扶持，实现区域要素资源的自由流动和合理配置，引导东部发达经济圈人工智能生产资源跨板块流动，支持新一代人工智能企业发展，构建人工智能产业发展的良好生态。第三，东北地区应充分利用原有的工业基础，转变发展方式，加强关键核心技术创新，大力培育人工智能企业和产业，驱动人工智能产业结构转型升级，提高核心竞争力。

（4）发挥高水平俱乐部空间溢出效应，助力人工智能产业高质量发展。我国人工智能产业发展存在不同程度的俱乐部趋同现象，不同俱乐部之间流动性较低，俱乐部内部固化现象显著。因此，为缓解人工智能产业发展的俱乐部趋同现象，应充分发挥人工智能产业高水平俱乐部成员的空间溢出效应，进而带动低水平省域的人工智能产业发展，推动人工智能产业高质量发展。第一，要制定合理的人工智能产业发展规划以推动产业结构优化升级，防止出现高水平俱乐部向下转移的严峻局面，提升处于高水平俱乐部的省域作为增长极的辐射带动能力，同时高度重视人工智能产业高水平俱乐部的空间邻近效应，有效引导区域人工智能产业高水平俱乐部和低水平俱乐部之间的合作交流，构建不同俱乐部间生产要素空间转移通道，充分发挥高水平俱乐部成员如"长三角""珠三角""京津冀"等经济圈的辐射带动作用与知识溢出效应，从而打破"高水平垄断"现象。第二，政府部门应重视处于低水平俱乐部的省域，对其实施精准的控制管制和扶持，建立人工智能产业内生动力机制，根据自身人工智能产业发展要素禀赋和基础条件拓宽发展空间，增强发展后劲，避免陷入"低水平陷阱"，跨区域接收高水平俱乐部的溢出效应，实现区域之间在人工智能产业的"追赶"效应。

（5）完善信息化体系和推动技术进步，实现人工智能产业双轮驱动。我国省域人工智能产业的提升是地区信息化水平、市场化水平、对外开放程度和技术进步各项要素共同作用的结果，其中技术进步和信息化水平对提升人工智能产业发展水平的贡献度相对较大。因此，为保持我国省域人工智能产业的稳步提升，应积极推进人工智能产业信息化水平和技术进步"双轮"协同驱动，即完善地区信息化体系和推动人工智能产业技术进步。第一，人工智能产业作为信息依赖型产业，其发展离不开信息化建设，各区域应推动区域信息化建设，全面完善信息化体系，有效发挥信息作为重要生产要素和战略资源的作用，有利于推动人工智能产业智能化升级，实现人工智能产业全要素的智能化革新。第二，各区域应鼓励人工智能产业自主创新，推动人工智能产业技术进步。一是加强对人工智能产业科学研究的重视力度，加大财政经费支出，鼓励开展科技创新活动，上升人工智能产业技术进步的战略地位，从而充分发挥人工智能产业结构优化过程中的创新驱动能力；二是建立以政府为主导的区域人工智能产业技术融合创新系统，将链状创新链"基础研究—应用研究—实验开发"升级为连通企业、高校、研究院所、政府等创新主体的共同生态。

9.3　研究展望

　　人工智能是新一轮科技革命和产业变革的重要驱动力量。人工智能对新经济发展的驱动作用日益受到重视。中国信息通信研究院发布的《全球人工智能战略与政策观察（2020）》报告称，截至2020年12月，全球已有39个国家和地区制定了人工智能的战略政策、产业规划文件。当前，人工智能正不断地渗透到各行各业，引领商业模式的新变化，促进数字经济产业发展，为推动实体经济的发展注入新动能。近年来，我国正加快人工智能产业布局与发展规划，陆续发布了《新一代人工智能发展规划》《关于促进人工智能和实体经济深度融合的指导意见》等重要指导文件，提出加速推动人工智能产业发展，优化产业空间布局，强化协同发展，构建高质量人工智能产业发展体系。在此背景下，全国及"四大板块"人工智能产业发展现状和未来发展潜力如何？具体产业发展处于什么水平？其空间分布呈现何种规律和特征？是否存在空间非均衡特征？如果存在，差异是否存在收敛性？其未来发展方向和变化趋势如何？影响人工智能产业发展区域差异的影响因素有哪些？这些问题的解决有助于准确把握全国及"四大板块"人工智能产业发展进程和时空演变特征，揭示产业发展空间相关性规律及空间分布特征，识别差异现状、演变趋势及影响因素，为我国人工智能产业发展的空间布局优化和协同发展提供重要的科学依据和决策参考。本书在研究视角、研究内容和研究方法上均实现了一定的突破。然而由于自身研究能力及客观条件的限制，本书的研究仍存在几个方面需要在今后的研究中展开进一步的探索。

（1）从研究对象看，因相关统计数据的限制，本书仅基于省域视角对我国 30 个省份（限于资料的获取，本书不涉及西藏自治区及台湾、香港、澳门地区）人工智能产业发展的变化趋势进行对比分析，尚未涉及与发达国家人工智能产业间的横向对比。因此，伴随统计数据的逐步完善，后续研究可针对中国与发达国家人工智能产业的发展状况开展深层次对比分析。

（2）从研究方法看，由于本书的研究时间跨度为 10 年，在研究基于 Markov 链分析的经济社会发展分布动态演进过程中仅考虑了时长为 1 年的情况，在未来的研究中，随着统计数据的逐渐完善，可以适当增长研究跨度，进而展开多时长的分布动态研究。

（3）从研究内容看，人工智能产业发展的影响机制比较复杂，涉及经济社会发展这一复杂系统的方方面面。本书选取的影响因素不能完全囊括我国人工智能产业的驱动因素，尤其是类似地区制度、相关政策等无法定量计算的因素。未来可进一步丰富人工智能产业的驱动因素的研究，探究影响人工智能产业发展的关键驱动因素及内源因素间的相互作用。

参考文献

［1］白俊红，王钺，蒋伏心，等．研发要素流动、空间知识溢出与经济增长［J］．经济研究，2017，52（7）：109－123.

［2］曹兴，张伟，张云．战略性新兴产业自主技术创新能力测度与评价［J］．中南大学学报（社会科学版），2017，23（1）：101－109.

［3］陈明华，刘玉鑫，张晓萌，等．中国城市群民生发展水平测度及趋势演进：基于城市 DLI 的经验考察［J］．中国软科学，2019（1）：45－61，81.

［4］单晓红，何强，刘晓燕，等．"政策属性－政策结构"框架下人工智能产业政策区域比较研究［J］．情报理论与实践，2021，44（3）：194－202.

［5］董天宇，孟令星．双循环战略提升中国人工智能产业竞争力途径［J］．科学学研究，2022，40（2）：230－236，287.

［6］杜传忠，胡俊，陈维宣．我国新一代人工智能产业发展模式与对策［J］．经济纵横，2018（4）：41－47，2.

［7］范德成，杜明月．基于 TOPSIS 灰色关联投影法的高技术产业技术创新能力动态综合评价：以京津冀一体化为视角［J］．运筹与管理，2017，26（7）：154－163.

［8］范德成，李盛楠．考虑空间效应的高技术产业技术创新效率研究［J］．科学学研究，2018，36（5）：901－912.

［9］范德成，宋志龙．基于 Gini 准则的客观组合评价方法研究：以高技术产业技术创新能力评价为例［J］．运筹与管理，2019，28（3）：148－157.

［10］高凌云，臧成伟．全球价值链发展趋势与我国对外开放战略［J］．湖南师范大学社会科学学报，2020，49（5）：55－60.

[11] 桂黄宝. 我国高技术产业创新效率及其影响因素空间计量分析 [J]. 经济地理, 2014, 34 (6): 100 – 107.

[12] 郭国强. 空间计量模型的理论和应用研究 [D]. 武汉: 华中科技大学, 2013.

[13] 郭泉恩, 孙斌栋. 中国高技术产业创新空间分布及其影响因素: 基于面板数据的空间计量分析 [J]. 地理科学进展, 2016, 35 (10): 1218 – 1227.

[14] 郭亚军, 马赞福, 张发明. 组合评价方法的相对有效性分析及应用 [J]. 中国管理科学, 2009, 17 (2): 125 – 130.

[15] 郭亚军. 综合评价理论、方法及应用 [M]. 北京: 科学出版社, 2007.

[16] 郭亚军. 综合评价理论与方法 [M]. 北京: 科学出版社, 2002.

[17] 郭兆蕊. 微能源系统综合评价研究 [D]. 北京: 华北电力大学, 2019.

[18] 韩峰, 李玉双. 产业集聚、公共服务供给与城市规模扩张 [J]. 经济研究, 2019, 54 (11): 149 – 164.

[19] 何菊香, 赖世茜, 廖小伟. 互联网产业发展影响因素的实证分析 [J]. 管理评论, 2015, 27 (1): 138 – 147.

[20] 何宁, 夏友富. 新一轮技术革命背景下中国装备制造业产业升级路径与评价指标体系研究 [J]. 科技管理研究, 2018, 38 (9): 68 – 76.

[21] 洪雪飞. 空间效应视角下经济增长、能源消费与环境质量关系研究 [D]. 哈尔滨: 哈尔滨工业大学, 2019.

[22] 黄宾, 徐维祥, 刘程军. 中国软件产业的空间联系、演化特征及其经济增长效应 [J]. 经济地理, 2018, 38 (10): 13 – 20.

[23] 贾荣言, 刘涛. 基于层次分析法的河北省战略新兴产业 SWOT 分析 [J]. 科学管理研究, 2019, 37 (1): 55 – 58.

[24] 江兴. 基于战略性贸易政策的人工智能产业发展研究 [J]. 经济体制改革, 2018 (6): 82 – 88.

[25] 江瑶, 高长春. 长三角高技术产业细分行业集聚影响因素研究: 基于面板数据的半参数模型 [J]. 经济问题探索, 2017 (3): 115 – 122, 148.

[26] 金春雨, 王伟强. 我国高技术产业空间集聚及影响因素研究: 基于省级面板数据的空间计量分析 [J]. 科学学与科学技术管理, 2015, 36

（7）：49 – 56.

[27] 李婧，谭清美，白俊红. 中国区域创新生产的空间计量分析：基于静态与动态空间面板模型的实证研究 [J]. 管理世界，2010（7）：43 – 55，65.

[28] 李荣. 国家高新区创新主体间功能转换及绩效评价研究 [D]. 武汉：武汉理工大学，2011.

[29] 李陶深. 人工智能 [M]. 重庆：重庆大学出版社，2002.

[30] 李旭辉，彭勃，程刚. 长江经济带人工智能产业发展动态评价及系统协调度研究 [J]. 统计与信息论坛，2020，35（1）：89 – 100.

[31] 李旭辉，彭勃，程刚，等. 长江经济带人工智能产业发展趋势演进及空间非均衡特征研究 [J]. 情报杂志，2020，39（5）：190 – 201，189.

[32] 李旭辉，魏瑞斌. 长江经济带战略性新兴产业信息化水平动态测度体系研究 [J]. 情报杂志，2019，38（11）：190 – 198.

[33] 李旭辉，张胜宝，程刚，等. 三大支撑带人工智能产业自主创新能力测度分析 [J]. 数量经济技术经济研究，2020，37（4）：3 – 25.

[34] 李煜华，王月明，胡瑶瑛. 基于结构方程模型的战略性新兴产业技术创新影响因素分析 [J]. 科研管理，2015，36（8）：10 – 17.

[35] 刘凤朝，张娜，赵良仕. 东北三省高技术制造产业创新效率评价研究：基于两阶段网络 DEA 模型的分析 [J]. 管理评论，2020，32（4）：90 – 103.

[36] 刘国巍，邵云飞. 产业链创新视角下战略性新兴产业合作网络演化及协同测度：以新能源汽车产业为例 [J]. 科学学与科学技术管理，2020，41（8）：43 – 62.

[37] 刘鸿雁，雷磊. 中国智慧产业发展水平综合评价与时空特征 [J]. 经济地理，2017，37（2）：106 – 113.

[38] 刘烈宏，陈治亚. 电子信息产业链竞争力评价模型构建及分析：基于 SEM 和 FAHP 方法 [J]. 世界经济与政治论坛，2017（1）：153 – 169.

[39] 刘晓阳，黄晓东，丁志伟. 长江经济带县域信息化水平的空间差异及影响因素 [J]. 长江流域资源与环境，2019，28（6）：1262 – 1275.

[40] 吕承超，崔悦. 中国高质量发展地区差距及时空收敛性研究 [J]. 数量

经济技术经济研究，2020，37（9）：62－79.

[41] 吕承超，商圆月. 高技术产业空间差距及分布时空演进 [J]. 财经科学，2016（6）：56－66.

[42] 吕微，管利娜. 我国高新技术产业灰色关联发展评价研究 [J]. 科技促进发展，2019，15（9）：988－996.

[43] 吕文晶，陈劲，刘进. 政策工具视角的中国人工智能产业政策量化分析 [J]. 科学学研究，2019，37（10）：1765－1774.

[44] 马玉林，马运鹏，彭文博. 中国科技金融效率的区域差异及动态演进分析 [J]. 宏观经济研究，2020（7）：124－137.

[45] 毛炜圣，钟业喜，吴思雨. 长江经济带战略性新兴产业创新能力时空演化及空间溢出效应 [J]. 长江流域资源与环境，2020，29（6）：1268－1279.

[46] 孟德友，李小建，陆玉麒，等. 长江三角洲地区城市经济发展水平空间格局演变 [J]. 经济地理，2014，34（2）：50－57.

[47] 孟庆时，余江，陈凤，等. 数字技术创新对新一代信息技术产业升级的作用机制研究 [J]. 研究与发展管理，2021，33（1）：90－100.

[48] 倪鹏飞，杨华磊，周晓波. 经济重心与人口重心的时空演变：来自省会城市的证据 [J]. 中国人口科学，2014（1）：44－54，127.

[49] 裴玲玲. 科技人才集聚与高技术产业发展的互动关系 [J]. 科学学研究，2018，36（5）：813－824.

[50] 彭勇行. 国际投资环境的组合评价研究 [J]. 系统工程理论与实践，1997（11）：14－18.

[51] 戚湧，张洪瑜. 基于 PSR 模型的区域高技术产业创新要素供给评价 [J]. 科技进步与对策，2020，37（22）：55－64.

[52] 钱吴永，李晓钟，王育红. 物联网产业可持续发展能力评价指标体系构建及优化方法研究 [J]. 中国科技论坛，2014（6）：44－50.

[53] 秦寿康，等. 综合评价原理与应用 [M]. 北京：电子工业出版社，2003.

[54] 任英华，沈凯娇，游万海. 不同空间权重矩阵下文化产业集聚机制和溢出效应：基于 2004—2011 年省际面板数据的实证 [J]. 统计与信息论坛，2015，30（2）：82－87.

[55] 邵帅, 李欣, 曹建华, 等. 中国雾霾污染治理的经济政策选择: 基于空间溢出效应的视角 [J]. 经济研究, 2016, 51 (9): 73 - 88.

[56] 邵云飞, 穆荣平, 李刚磊. 我国战略性新兴产业创新能力评价及政策研究 [J]. 科技进步与对策, 2020, 37 (2): 66 - 73.

[57] 佘玉梅, 段鹏. 人工智能原理及应用 [M]. 上海: 上海交通大学出版社, 2018.

[58] 孙畅, 吴芬. 中国高端服务业与先进制造业匹配发展的空间分异及收敛性 [J]. 数量经济技术经济研究, 2020, 37 (12): 3 - 24.

[59] 孙理军, 吕雪, 周国华, 等. 战略性新兴产业自主发展水平的测度研究 [J]. 宏观经济研究, 2020 (1): 81 - 94.

[60] 孙旭东, 李雪松, 张博, 等. 绿色低碳新兴产业成熟度评价方法研究 [J]. 中国工程科学, 2020, 22 (2): 98 - 107.

[61] 汤长安, 张丽家, 殷强. 中国战略性新兴产业空间格局演变与优化 [J]. 经济地理, 2018, 38 (5): 101 - 107.

[62] 汤志伟, 雷鸿竹, 周维. 中美人工智能产业政策的比较研究: 基于目标、工具与执行的内容分析 [J]. 情报杂志, 2019, 38 (10): 73 - 80.

[63] 王宏起, 刘梦, 武川, 等. 区域战略性新兴产业创新生态系统稳定水平评价研究 [J]. 科技进步与对策, 2020, 37 (12): 118 - 125.

[64] 王欢芳, 张幸, 宾厚, 等. 战略性新兴产业的集聚测度及结构优化研究: 以新能源产业为例 [J]. 经济问题探索, 2018 (10): 179 - 190.

[65] 王卉彤, 刘传明, 刘笑萍. 中国城市战略性新兴产业发展质量测度及时空特征分析 [J]. 城市发展研究, 2019, 26 (12): 130 - 136.

[66] 王佳宁, 罗重谱. 新时代中国区域协调发展战略论纲 [J]. 改革, 2017 (12): 52 - 67.

[67] 王黎萤, 王佳敏, 虞微佳. 区域专利密集型产业创新效率评价及提升路径研究: 以浙江省为例 [J]. 科研管理, 2017, 38 (3): 29 - 37.

[68] 王良虎, 王钊. 战略性新兴产业空间集聚及影响因素研究: 基于长江经济带的实证分析 [J]. 经济体制改革, 2020 (5): 99 - 106.

[69] 王谦, 王哲. 战略性新兴产业发展的地区差异及分布动态演进 [J]. 统计与决策, 2020, 36 (16): 110 - 114.

[70] 王兆祥, 宋平. 我国人工智能产业支持政策体系特征与优化: 中央与北上广深的政策文本分析 [J]. 科学管理研究, 2020, 38 (2): 64 – 70.

[71] 王宗军. 综合评价的方法、问题及其研究趋势 [J]. 管理科学学报, 1998 (1): 75 – 81.

[72] 魏守华, 周斌. 中国高技术产业国际竞争力研究: 基于技术进步与规模经济融合的视角 [J]. 南京大学学报 (哲学·人文科学·社会科学), 2015, 52 (5): 15 – 26.

[73] 向堃. 我国空气污染的空间效应研究 [D]. 武汉: 华中科技大学, 2016.

[74] 项本武, 齐峰. 中国战略性新兴产业技术效率及其影响因素 [J]. 中南财经政法大学学报, 2015 (2): 3 – 11, 158.

[75] 肖刚, 杜德斌, 戴其文, 等. 中国区域高技术产业发展差异的时空演变 [J]. 中国科技论坛, 2015 (12): 94 – 100.

[76] 谢敏, 赵红岩, 朱娜娜, 等. 宁波市软件产业空间格局演化及其区位选择 [J]. 经济地理, 2017, 37 (4): 127 – 134, 148.

[77] 邢传鼎, 杨家明, 任庆生, 等. 人工智能原理及应用 [M]. 上海: 东华大学出版社, 2005.

[78] 杨得前, 刘仁济. 中国高技术产业研发补贴的时空分异研究 [J]. 科学学研究, 2018, 36 (3): 435 – 445.

[79] 杨骞, 刘鑫鹏, 王珏. 中国战略性新兴产业创新效率的测度及其分布动态 [J]. 广东财经大学学报, 2020, 35 (2): 20 – 34.

[80] 杨清可, 段学军, 张伟, 等. 中国高新技术产业发展水平格局演变及影响因素分析 [J]. 长江流域资源与环境, 2014, 23 (12): 1649 – 1658.

[81] 杨庆, 张贝尔, 蒋旭东, 等. 长江经济带高技术产业发展效率评价及区域影响因素研究 [J]. 宏观经济研究, 2018 (8): 68 – 74.

[82] 杨栩, 管国政, 杨增煜. 基于 DMF-AHP-EM-WT 的战略性新兴产业优选: 以黑龙江省为例 [J]. 科技管理研究, 2017, 37 (3): 138 – 145.

[83] 姚潇颖, 卫平, 李健. 产学研合作模式及其影响因素的异质性研究: 基于中国战略新兴产业的微观调查数据 [J]. 科研管理, 2017, 38 (8): 1 – 10.

[84] 于长钺，王长峰，庄文英，等．基于动态演化视角的新一代信息技术产业评价研究 [J]．情报科学，2018，36（5）：110-113.

[85] 于伟，张鹏．中国省域高新技术产业发展差异演变和解释 [J]．中国科技论坛，2015（3）：106-111.

[86] 余泳，陈龙，王筱．R&D 投入、非 R&D 投入与技术创新绩效作用机制研究：以中国高技术产业为例 [J]．科技进步与对策，2015，32（6）：66-71.

[87] 曾宪报．关于组合评价法的事前事后检验 [J]．统计研究，1997（6）：56-58.

[88] 曾雪琴，陈建国，吕峰．中国三大经济圈高新技术产业竞争力评价研究：基于熵权可拓决策模型的分析 [J]．经济问题探索，2014（5）：37-44.

[89] 张鸿，代玉虎，张权．区域电子信息产业竞争力评价研究 [J]．统计与信息论坛，2014，29（3）：77-81.

[90] 张立杰，梁锦凯．我国丝绸之路经济带沿线省（市、区）高技术产业创新效率研究：基于 DEA-Malmquist-Tobit 方法 [J]．科技进步与对策，2019，36（13）：68-75.

[91] 张龙耀，邢朝辉．中国农村数字普惠金融发展的分布动态、地区差异与收敛性研究 [J]．数量经济技术经济研究，2021，38（3）：23-42.

[92] 张仁杰，董会忠．基于省级尺度的中国工业生态效率的时空演变及影响因素 [J]．经济地理，2020，40（7）：124-132，173.

[93] 张赛飞．区域经济综合评价实证研究 [M]．北京：中央编译出版社，2011.

[94] 张同斌，范庆泉．中国高新技术产业区域发展水平的梯度变迁与影响因素 [J]．数量经济技术经济研究，2010，27（11）：52-65.

[95] 张薇薇，高帅雄，杜鹏飞．新一代信息技术产业"走出去"的能力评价实证研究 [J]．工业技术经济，2018，37（8）：44-51.

[96] 张亚斌，侯思华．中国城市物联网产业发展水平测度及比较 [J]．财经理论与实践，2014，35（4）：98-104.

[97] 周振华．情感计算：人工智能产业的经济新实践——兼论对山西智慧

转型发展的启示 [J]. 经济问题, 2016 (6): 60 - 63.

[98] 周钟, 熊焰, 张林刚. 新兴技术产业应用生态系统构建与发展评价: 以大数据为例 [J]. 中国科技论坛, 2020 (4): 65 - 73.

[99] 朱伟珠, 李春发. 我国区域技术创新与新一代信息技术产业协调发展的动态演进研究 [J]. 现代情报, 2017, 37 (5): 137 - 144.

[100] Anselin L. Spatial Econometrics: Methods and Models [M]. Netherlands: Kluwer Academic Publishers, 1988.

[101] Choi J, Choi J Y. The Effects of R&D Cooperation on Innovation Performance in the Knowledge-Intensive Business Services Industry: Focusing on the Moderating Effect of the R&D-Dedicated Labor Ratio [J]. Technology Analysis and Strategic Management, 2020, 33 (41): 1 - 18.

[102] Czarnitzki D, Thorwarth S. Productivity Effects of Basic Research in Low-Tech and High-Tech Industries [J]. Research Policy: A Journal Devoted to Research Policy, Research Management and Planning, 2012, 41 (9): 1555 - 1564.

[103] Dagum C. A New Approach to the Decomposition of the GiNi Income Inequality Ratio [J]. Empirical Economics, 1997, 22 (4): 515 - 531.

[104] Elhorst J P. Spatial Econometrics: From Cross-Sectional Data to Spatial Panels [M]. Heidelberg: Springer, 2014.

[105] Haschka R E, Herwartz H. Innovation Efficiency in European High-Tech Industries: Evidence from a Bayesian Stochastic Frontier Approach [J]. Research Policy, 2020, 49 (8). DOI: 10. 1016/j. respol. 2020. 104054.

[106] Nilsson N J. Artificial Intelligence: A New Synthesis [M]. Morgan Kaufmann Publishers Inc, 1998.

[107] Segovia M, Gonzalez A V. Exploration of the Geography of Innovation in Mexico Through the Analysis of Spatial Data [J]. El Trimestre Económico, 2014, 81 (322): 517 - 544.

[108] Winston P H. Artificial Intelligence [M]. 3rd. Addison-Wesley, 1992.